真會說話

告別溝通障礙的全方位說話術

大拓

第一章 怎樣說才能掌握主動權

第二章 怎樣說才能贏得別人的信任

第三章　怎樣說才能讓別人喜歡你

第四章 怎樣說才能得到他人的原諒

第五章 怎樣說孩子才會聽話

第六章 怎樣說才能幫助他人振作

第七章 怎樣殺價才能買到你心儀的商品

how to be a smooth talker

怎樣說才能掌握主動權

第一章

第一節 面試中面對兩難問題如何更好地掌握主動

工作就是人生的價值，人生的歡樂，也是幸福之所在。

——羅丹【法國】

中國自古以來講究中庸之道，折中可以說是一門藝術，是祖先智者留下的智慧結晶；是為人處世，各個方面都可以適當運用的生存立世之道。

在求職面試中，主考官經常會給你出一些讓你左右兩難的問題。在這個時候，你可以選擇緘默嗎？不能，那只會使你與工作失之交臂。你只能勇敢作答，但有勇也要有謀。左不行，右也不行，那就最好採取折中術。

在一次外企面試中，雙方交談得很投機，看來希望不小。接近尾聲時，考官看了一下手錶，問：「可不可以邀請您一同吃晚飯？」

原來這也是一道考題。如果考生痛快接受，則有巴結、應酬考官的嫌疑；但是拒絕，又會被說成不禮貌。考生動了動腦筋，他機智地回答道：「如果作為同事，我願意接受您的邀請。」

由於他預設了一個前提條件，所以他的回答十分得體到位，獲得了好評。

總之，對於可能設有「陷阱」的提問，一般情況不要直答，而應想一想對方的用意是什麼，「機關」在哪裡，然後運用預設前提的說法跳過陷阱，予以回應。所謂折中術，就是採取一個巧妙的方法將劃分左右的界限模糊掉。

日本住友銀行招聘公關人員時，極為重視職員協調人際關係的才能。該銀行沒有專門考核應聘者的業務知識，而是提出了一道別出心裁的判斷題：「當國家的利益和住友銀行的利益發生衝突時，閣下採取何種對策？」

三種類型的應聘者對問題的回答迥然不同。

第一類人回答：「當國家利益跟我們銀行利益發生衝突時，我會堅決地站在我們銀行的立場上。」

銀行主管人員認為，這樣的人將來一定會拋棄妻子，不能聘用。

第二類人回答：「當國家利益和住友銀行利益發生衝突時，作為國家的一員，應該堅決保護國家的利益。」

銀行主管人員認為，第二類人員適合政府部門的工作，也不可取。

第三類人則回答說：「當國家利益和銀行利益發生衝突時，我會盡全力淡化衝突。」

銀行主管人員認為這種人才是住友銀行需要的高手。企業同政府的關係往往集中表現在國家利益和企業利益上，企業公關人員作為企業與公眾之間的媒介，只有注重社會整體的協調性，善於採取圓融戰術，才有可能妥善處理好企業與國家的關係。

在這裡尤其要指出的一個方面是，由於女性本身所具有的一些求職方面的先天劣勢，如結婚生子、照料家庭內務等，招聘單位常擔心其婚姻和家庭會影響工作，所以面試時往往提出許多相關的問題。這些問題或刁鑽古怪，或直擊要害，總讓人覺得左右兩難，如何回答都不妥當；但能否回答好這些問題，又直接關係到求職是否能獲得成功。比如，其中有一個問題常常被當做攔路虎，它時常跳出來為難求職女性：如果讓妳在家庭與事業之間做選擇，妳認為哪一個更重要？

這是一個老生常談的問題，也是一個難題。事實上這是一個對於任何人都重要的問題，之所以更經常地出現在女性求職者面試的情景中，是由於女性往往要對家庭內務承擔更多的責任，而這些責任很可能與工作相衝突。招聘單位自然非常希望妳以事業為重，但也很清楚誰都希望擁有一個幸福美滿的家庭，有幸福的後方保證，才能無後顧之憂地集中精力工作。

顯然，這道題目是個兩難的選擇，不管選擇家庭還是事業，無疑都是不合適的。所以，回答這個問題的時候，不妨換個角度，不和題目正面衝突，婉轉地給出妳的答案。

能說會道

面試時面對兩難的問題，回答時既要表明你對待工作的態度，又表達了你對家庭的熱愛，而這兩點，正是一個心理健康、成熟的人所應該具備的。在面試中，學會這樣回答問題，不要表明你對任何一個方向的傾向，能大大提高被錄用的機會。

第二節 怎樣打破沉默，叫「悶葫蘆」開口說話

有多少話人們不得不說，只是為了打破沉默。

——佚名

遇事悶頭思考一言不發的人常被人們叫做悶葫蘆，由於想得過多，以至於很少甚至忘了講話，讓他們開口比讓鐵樹開花還難。這時候，你不妨使用以下五種「打破沉默的方法」，它們非常有用，甚至能讓最沉默寡言、最害羞的人開口講很多話。

1. 讚揚加提問

即使是最害羞的人在聽到讚揚時也會心花怒放。你要讓不願說話者知道，聽眾欣賞並感激他們所作的努力，認為他們的專業知識非常有價值。然後你再讓他們詳細陳述自己的觀點。你可以經由簡短的提問暗示他們，只有那些有專業背景和知識的人才能回答你的問題。

再沉默寡言、吝嗇詞句的人，聽到如此積極的回饋也會變得平易近人。在聽的

過程中，類似的「甜言蜜語」會使你得到你想要的資訊。

2. 直接提問

少言寡語者，即那些只說「是」或「不是」的人會覺得說話越少越自在，你應該利用而不是抵制這個特點。你可以利用他們吝惜語言的特點，先弄清你究竟想知道什麼，然後直截了當地提出只需回答「是」或「不是」的問題，或者提出只需回答一、兩句話的簡短而切中要害的問題。

3. 引發議論

只要有合適的魚餌，最不容易上鉤的魚也會上鉤。為使不願說話者打破沉默，你要用容易引起爭論的陳述或問題做魚餌。你可以圍繞你想瞭解的主題，很有禮貌地對說話者提出疑問，或者就現有的理論提出反對意見。當自鳴得意的觀點遇到挑戰，或有機會拆穿一個廣為流傳的謬誤時，很少有人會無動於衷。

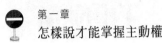

4. 不要打斷

一旦你想方設法讓不願說話的人開了口，你就要把自己的嘴閉上。如果你在他們說話時插嘴，陳述你的看法，就會使他們有藉口停止說話。而此時，想要再讓他們開口會非常之難。即使你想到一個重要問題，或有什麼高見，都不要急著說出來，要等到他說完之後再把你的見解說出來。

5. 適當回饋

要想讓不願說話者繼續講話，你需要告訴他們，他們說的細節非常有趣、非常有價值，縱使算不上最好的說話者，你還是非常希望他們能繼續說下去。但注意，不要用語言來鼓勵他們，這只會讓他們分心。

你要運用身體語言，經由看得見的信號對他們做出積極回饋。同意時點點頭，贊許時微微一笑。有意識地盯著說話人的眼睛，就好像他在說一件你從未聽過的、有意思的事。

能說會道

「悶葫蘆」大都具有明顯的「閉鎖心理」，即自我認識上的偏差，多表現為自尊心強、內心脆弱、怕別人瞧不起或刺傷，於是把自己禁錮起來。他們既苦於無人知曉自己的心事，又不情願讓人真正知曉自己的心事，所以想讓他們開口，首先要給予理解，然後用打破沉默的方法進行引導。

第三節 誘導對方跟著你的話題走

只要你能幫助別人得到他們想要的，你就能得到一切你想要的。
——金克拉【美國】

在日常會話中，我們總是會碰到這樣的交談者，他們喜歡把自己要說的意思反反覆覆地說明，詳盡得讓人幾乎厭煩。碰到這種情況，你是任憑對方繼續無休止地發揮，還是粗暴無禮地打斷他的話？這兩種方法都不是很好，你應當以柔和的方式誘導他進入你的話題，如：「簡潔一點說，你應該這樣表述……」

叫對方的意思跟著你的話題走，這種行為稱為「誘導」。可以說，誘導是會話雙方的一種意識交流，假如會話雙方意見相悖且相互攻擊，肯定無法促成「心意的相互交流」，說不定還會使說話者產生消極情緒。因此，當除了你之外的其他聽眾因為說話者過於囉唆的語言，使之失去了對談話內容的興趣，或是由於談話內容抽象，使聽者無法瞭解說話者的本意時，你就應該積極地參與會話，將說話者的意思誘導到自己理想的本意中來。

推銷員：「請問您卡車需要多大的？」

顧客：「很難說，大概需要兩噸的吧！」

推銷員：「究竟要哪種型號的卡車，一方面要看你運什麼貨，一方面要看在什麼路上行駛，您說對嗎？」

顧客：「對，不過……」

推銷員：「假如您在山區行駛，而且你們那裡冬季較長，這時汽車的機器和車身所承受壓力是不是比正常情況下要大些？」

顧客：「是這樣沒錯。」

推銷員：「你們冬天出車的次數比夏天多吧？」

顧客：「是啊，冬天次數多很多，夏天生意不行。」

推銷員：「有時候貨物太多，又在冬天的山區行駛，汽車是否經常處於超負荷狀態呢？」

顧客：「對，那是事實。」

推銷員：「從長遠的眼光看，是什麼因素決定買車型號時，是否留有餘地？」

顧客：「你的建議是……」

推銷員：「從長遠來看，是什麼因素決定買一輛車值不值呢？」

顧客：「當然要看車子的使用壽命。」

推銷員：「一輛車總是滿載，另一輛車從不超載，你覺得哪一輛車壽命會長點呢？」

顧客：「當然是馬力大、載重多的一輛。」

推銷員：「所以，我建議你買一輛載重四噸的卡車會更划得來。」

顧客表示贊同。

這位推銷員就是在平淡無奇的談話中，設法讓顧客跟著他的思想走，進而成功達到推銷的目的。

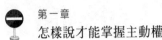

誘導別人的一個絕妙方法，就是從一開始你就要對方回答「是」，而千萬不要讓他說出「不」來，因為假如一開始雙方就彼此不合，那他會存下反辯的成見，這樣你就算再說上千言萬語，而且是句句真實，但是別人早已留下了不好的印象，再要使他改變過來，是不大容易的。所以，與人交往先得迎合對方的心理，使對方覺得這次交談是商討，而不是爭辯。

道理何在呢？因為每個人都堅持他的人格尊嚴，他開頭用了「不」字，即使後來他知道這「不」字是用錯了，但為了自尊，他所說的每句話，他都會堅持到底，所以我們要絕對避免對方一開頭就說「不」字。

能說會道

從心理學的角度來說，當一個人對某件事說出了「不」字，無論在心理上還是生理上，比他往常說其他字要來得緊張，他全身組織——分泌腺、神經和肌肉都聚集起來，成為一種抗拒的狀態，整個神經組織都準備拒絕接受。

反過來看，當一個人說「是」的時候，沒有收縮作用的產生，反而放開，準備接受，所以在開頭我們獲得「是」的反應越多，才能越容易得到對方對我們最終提議的認同。

第四節 怎樣說才能讓對方跟著你的思路走

遇到難題時，我總是力求尋找巧妙的思路，出奇制勝。
——朱清時

很多時候，無論是演講、宣傳，還是競選、談判，我們總希望別人能跟著自己的思想走。可是，每個人都有獨立的思維，想要改變他人的想法，讓對方按照你的思路來思考問題，是何等的不容易？

不過，要解決這個難題，靠強制性命令來實現是不太可能的，而是需要一些有效的心理技巧來一步步地影響他們。下面有幾種方法值得參考：

1. 六加一法則

在溝通心理學上有一個重要的「六加一」法則，用來說明這樣一種現象：一個人在被連續問到六個做肯定回答的問題之後，那麼第七個問題他也會習慣性地做肯定回答；而如果前面六個問題都做否定回答，第七個問題也會習慣性地做否定回答，這是人腦的思維習慣。

利用這個法則，你如果需要引導對方的思路，希望對方順從你的想法，你可以預先設計好六個非常簡單、容易讓對方點頭說「是」的問題，先問這六個問題作為鋪墊，最後再問一個最重要和關鍵的問題，這樣對方往往會自然地點頭說「是」。

2. 問封閉式問題

封閉式問題是與開放式問題相對的一類問題，這類問題的答案往往是「是」或「不是」、「有」或「沒有」等，答案只是有限的幾個選擇。封閉式問題與開放式問題有不一樣的作用，封閉式問題可以用來得到你預先設想的答案。

例如，你問對方「你有沒有結婚？」對方的回答可能是「有」或是「沒有」，這兩個答案都是你事先可以預見的，你可以事先就想好如果他回答「有」，你如何繼續提問；如果他回答的是「沒有」，你又該怎麼繼續提問。預先設計好的一系列的封閉式問題，可以非常有效地引導對方的思路。

3. 提示引導

提示引導是一種語言模式，用來影響對方的潛意識，使對方不知不覺地轉移思路。這種語言模式的基本思路是：先用語言描述對方的身心狀態，然後用語言引導對方的思考或是生理狀態。

例如，你可以說「當你開始聽我介紹這個房子的時候，你就會覺得住在這個房間裡會很舒服」、「當你考慮買這輛車的時候，你就會想到帶著你的太太和孩子開這輛車兜風是多麼開心的事情」，等等，這些都是提示引導的語言模式，其中「當……，你就會……」是標準的句式，「當」後面是描述對方的身心狀態，「你就會」後面是你引導對方進入的狀態或思路。

4. 目的架構

目的架構式談話就是在一開始就與對方明確這次談話雙方共同的目的，這會很快地將對方的思路引向真正有價值、有利於解決問題的地方。

例如，兩輛車發生追撞事故，車子都有了損壞，雙方都很氣憤，一下車就吵架。如果其中一位能使用目的架構，問對方：「先生，你覺得我們現在最重要的是解決問題呢，還是要吵架呢？」這個問題指出了兩名司機重要的不是要吵架，而是要解決問題，然後繼續各自的行程。那麼雙方的爭吵可能會立即終止，因為目的架構將對方的思路完全從爭吵的狀態引到了解決問題上面來。

知道了這些技巧，我們就沒必要再紙上談兵了。你不妨在今後的實際生活中應用一下這些巧妙的方法，讓對方順從你的思路，進而達到你的目的。

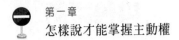

能說會道

社交場合，有思路要巧妙地表達出來，透過一些有效的方法逐漸影響他人，大家便會不知不覺地跟著你的這個思路走了。

第五節 撒個小謊，也可令你反客為主

我們都說過謊，也都必須說謊。因此聰明的話，我們就應勤快地訓練自己能善意地說謊。

——馬克・吐溫【美國】

你曾經說過謊嗎？沒有？恐怕這本身就是最大的謊言。生活中，有很多時候，我們在某些場合說「謊話」反而比說真話更容易得到別人的好感，還能避免不必要的尷尬，或者促進事態更好的發展。

1. 能產生良好交際效果的謊言有時是以裝糊塗的形式出現的，以避免或解除尷尬。生活中，我們常常會碰到這樣的場面，到朋友家做客時，主人熱情地夾菜給客人，而剛好那道是客人不喜歡吃的菜。這時，客人不外乎有兩種態度。一種是接受主人盛情，一邊道謝一邊違心地說：「好吃！好吃！」當然，這樣的謊言只能讓自己自討苦水。而如果有一天主人知道了原委，也會不好意思。這謊言，既苦了自己又傷了別人，實在不是高明之舉。另一種態度，便是巧妙地拒絕。先說一句：「別

客氣，我自己來！」再補充一句：「這個菜我很喜歡吃，但就是胃會受不了！」如此巧妙的謊言，既不傷主人的面子，又避免了活受罪，兩全其美！

2.在某個時候說點謊話，能使本來很有距離的雙方達到某種「共識」，因此讓進一步的交流成為可能。

小莊和朋友去拜訪一位教授，那位教授為人嚴肅，不苟言笑。坐了半天，除了開頭說了幾句應酬話之外，剩下的全是讓人尷尬的沉默。

忽然，小莊看到教授家養的熱帶魚，其中幾條色彩斑斕，非常好看。小莊知道這魚的名字，因為自己也同樣養了幾條，還很得意地跟朋友介紹過。教授見小莊神情專注，就笑著問：「還可以吧？才剛買的，有看過這種魚嗎？」

小莊說：「還真沒看過。叫什麼名字？改天我也去水族館問看看……」當時他的朋友不解地看著他，心想，上星期不是才到你家看過嗎？

教授一聽，興致來了，大談了一通養魚經，小莊聽得頻頻點頭。教授像是遇到了知音，說說笑笑，如數家珍地為他講起每條魚的來歷、特徵，又拉著他到書房看他收集的各類名貴熱帶魚的照片，氣氛頓時活躍了起來。他們一直聊到吃過晚飯才走，朋友才領悟到小莊說謊話的用意。

在這個故事中，一句謊話使本來幾乎陷入僵局的交談又順利地進行下去了。

3.欲拒絕求愛者時，善意的謊言可以既不傷對方的顏面，又巧妙地表明自己心意。

一個男大學生愛上了一個女大學生，於是對女大學生說了一番熱烈的話：「妳是溫暖著我的太陽，是照耀著我的月亮，是為我呼喚早晨的明星。」

女大學生聽出這是一番表白愛情的極熱烈的話，但自己並不喜歡面前的小夥子，怎麼辦？如果斷然說「我不喜歡你」，豈不是會使對方陷入尷尬？不置可否，豈不是對對方不負責任？

最後她只說了一句：「真美！你對天文學真有研究，可是我，真對不起，我對天文學一點也不感興趣！」

就這樣，女大學生巧妙的拒絕了男大學生。

能說會道

在現實生活中，用一些巧妙的小謊言去辦事，常能收到意想不到的效果。不過，應該注意的是，說謊時對自己的謊言要不容置疑，只有這樣才能以假勝真，否則，反而會造成不利的後果。

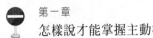

第六節 恰到好處地恭維，讓對方在得意中順服

敞開心扉是為了虛榮，為了侃侃而談，為了得到別人的信賴，為了交換祕密。

——拉羅什福科【法國】

虛榮是人的本性，每個人都暗暗為自己的優點得意，並希望別人注意和讚美自己的優點。挑別人愛聽的、想聽的話說，迎合他的虛榮心，自然可博得對方歡心。恭維便是這其中的關鍵所在，恭維是一種重要的交際手段，它能在瞬間溝通人與人之間的感情。任何人都希望能被人恭維或讚美，高帽子人人都愛戴。

袁枚是清朝著名的才子，他少年成名，剛過二十歲就被任命為某地知縣。赴任前，袁枚去老師那裡告辭。老師問他：「官不是那麼好當的，你年紀輕輕就做上了知縣，有什麼準備啊？」

袁枚說：「並未做什麼特別的準備，只是帶了一些高帽子，準備見人就送一頂，因為人人都喜歡戴高帽子啊！」

老師一聽，不高興了：「為官要正直，虧你還讀了那麼多書，怎麼也搞這一套呢？」袁枚馬上回答：「老師的話很對，可是請老師您想想，當今這個世界上，像老師您這樣不喜歡戴高帽子的人，又有幾個呢？」

聽到袁枚這麼一說，老師馬上轉怒為喜，師生歡歡喜喜地告別了。

袁枚從老師的家裡出來後，感慨道：「我準備的一百頂高帽子，還沒到任，就已經送出去一頂了。」

的確，高帽子人人愛戴，這是因為每個人都渴望被讚美和肯定，而高帽正好迎合了人們的這種欲望。高帽戴得好，便能將別人掌握在自己的手中。適時地給人送上一頂高帽子，可以贏得對方的友誼與好感。

在現實生活中，戴高帽的做法常被人恥笑，主要是因為那些品味低俗、令人生厭的偽劣「馬屁」隨處都是，以至人們早已習慣將恭維、讚美與「馬屁」混為一談。其實高帽分有三六九等不同質地。上等品被稱為「讚美」、「讚揚」、「贊許」、「稱頌」等，下等品則被貶為「討好」、「阿諛奉承」、「溜鬚拍馬」、「獻媚邀寵」。

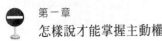

可見，如何送出高帽子，既要達到目的，又要不流於俗，並不是一件容易的事，送的方式也是有講究的。

清朝刊印《二十四史》時，乾隆非常重視，常常親自校核，每校出一處差錯來，就覺得是做了一件了不起的事，心中很是痛快。和珅和其他大臣，為了迎合乾隆的這種心理，就在抄寫給乾隆看的書稿中，故意於明顯的地方抄錯幾個字，以便讓乾隆校正。這樣做比當面奉承乾隆學問深，能收到更好的效果。和珅這個馬屁拍得不著痕跡，讓乾隆渾然不覺卻又渾身舒坦，因而大討乾隆歡心。

看來，恭維的確是一種藝術，關鍵之處在於根據人的不同心理需求和具體情況來選擇和斟酌自己的話語，讓自己無論怎麼說，別人都愛聽。恰到好處的恭維，能使雙方的感情和友誼在不知不覺中得到增進。那麼，如何才能將恭維話說到最好呢？

1. 恭維話要坦誠得體，必須說中對方的長處

人是喜歡奉承的。即使明知對方講的是奉承話，心中還是免不了會沾沾自喜，這是人性的弱點。換句話說，一個人受到別人的誇讚，絕不會覺得厭惡，除非對方說得太離譜了。奉承別人首要的條件，是要有一份誠摯的心意及認真的態度。言詞會反應一個人的心理，因此輕率的說話態度，很容易被對方識破，而產生不快的感覺。

2. 背後稱頌效果更好

背後頌揚別人的優點，比當面恭維更為有效。這是一種至高的技巧，在人背後

稱讚人，在各種恭維的方法中，要算是最使人高興的，也最有效果了。如果有人告訴我們：某某人在背後說了許多關於我們的好話，我們內心一定是極為舒坦。這種讚語，如果當著面說給我們聽，或許反而會使人感到虛假，或者疑心他不是誠心的，遠沒有間接聽來的這般悅耳。

對於不瞭解的人，一開始交流時，最好先不要深談。要等你找出他喜歡的是哪一種讚揚，才可進一步交談。最重要的是，不要隨便恭維別人，有的人也許不吃這一套，亂套高帽可能弄巧成拙。

第七節 「口蜜腹劍」，輕鬆讓對方服從自己

信而安之，陰以圖之；備而後動，勿使有變。剛中柔外也。

——《孫子兵法》

生活中有很多時候，並不如看見的那樣風平浪靜。很多人在表面上微笑和善，但暗地裡卻在謀劃自己的事情。就像《孫子兵法》寫道：「信而安之，陰以圖之；備而後動，勿使有變。剛中柔外也。」全句意為：表面上要做得使敵人深信不疑，從而使其安下心來，喪失警惕；暗地裡你卻另有圖謀。要做好充分準備，然後再採取行動，不要使得敵方發生意外的變故。這就是外表上柔和，骨子裡卻要剛強的謀略。

在傳統語境中，口蜜腹劍並不是一個具有正面含義的成語，但如果把它當做一種交談的策略的話，將會大大提升交談的成功率。利用此計，讓對手服從自己，在自己設計好的圈套裡行事，以此達到自己的真正企圖和目的，也不失為一種成功的策略。

春秋時代，鄭衛公打算吞併胡國（在今安徽省），但他軍事裝備差，條件有限，不敢直攻，就把自己漂亮的女兒嫁給胡國國君為妻。這樣，鄭胡二國聯姻，結成了親家。這僅僅是開頭。為了進一步使胡國喪失警惕，製造假象，鄭衛公召集大臣商議，他問：「我打算用兵興國，你們看，攻打哪個國家最有利？」大臣們紛紛發表議論。

關其思坦率地說：「依愚之見，攻打胡國最合適！」

衛公一聽，馬上臉色一沉，憤怒地說：「你居然建議對已經跟我們結親的兄弟國家胡國動武，這是什麼意思！」馬上把關其思給殺了。

胡國國君知道此事後，認為鄭國對自己非常親善友好，就再也不對鄭國存有什麼戒心了。可是，就在此後不久，鄭國對胡國發動了突然襲擊，因為胡國警戒鬆散，沒有作什麼抵抗就被滅亡了。很長一段時間裡，鄭國都是勢力強盛的國家，直到西元前三十七年才被韓國滅掉。

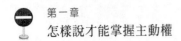

不難看出，「笑裡藏刀」的特點是，以表面上的友好、善良和美麗的言詞、舉止作為假象，掩蓋陰險毒辣的用心和企圖。傳說在楚王身邊，也發生了一個有些類似的故事。

魏王送給楚王一位美人，楚王非常寵愛。楚王的夫人鄭袖知道楚王喜歡這位新來的美人，於是也裝出十分喜愛這位美人的樣子，待她猶如親姐妹，無論是衣服玩物、居室臥具，都選最好的給她，甚至有時表現出喜愛她勝過喜愛楚王的意思。

看到這些，楚王對鄭袖非常滿意，他高興地說：「婦女侍候丈夫，是靠美色，有時妒忌，是因為愛情。現在鄭袖知道寡人喜歡美人，於是愛她還勝過愛我。猶如教子之所以事親，忠臣之所以事君啊！」

鄭袖一看時機已到，有一天便以很體貼關懷的口吻對那位美人說：「大王對妳的美讚歎不已，但有一點美中不足的，是他覺得妳的鼻子不太漂亮，如果妳以後和大王在一起時，略微掩飾一下子就好了。」

於是，美人聽從了鄭袖的建議，每次一見到楚王，便用袖子掩住自己的鼻子。

楚王覺得奇怪，便問鄭袖說：「美人為什麼見到我，總愛掩住鼻子呢？」

鄭袖面有難色地說：「我知道其中的原因，但是我不能說出來。」

楚王更加迷惑：「有什麼事，居然連我都不想說？」

鄭袖故意壓低嗓子，湊近楚王說：「她是討厭大王身上的臭味。」

楚王一聽，氣得七竅生煙：「太可恨了，把她的鼻子割掉，我不想再見到她！」

可憐這位美人，至死都不知道她遭此厄運的原因，是那位待自己如親姐妹的鄭袖。

最可怕的人，並不是面目兇惡的人，而是那些笑裡藏刀的人。平時和你「哥哥」、

「姐姐」地叫著，待到你放鬆戒備的時候，在暗處狠狠地捅你一刀。

不過，若反過來想，當你想狠捅別人一刀時，不妨將刀藏於笑中，這樣你不僅容易下手，而且更容易取得最佳效果。

能說會道

兵書中有言：「敵人態度表現得卑恭屈膝一定是暗中在加緊戰備，還是向我發起攻擊的假象……沒有具體條約文字而來請求媾和的，一定是另有陰謀。」所以，面對對手的花言巧語時，一定要看到其背後暗設的殺機。

第八節 及時彌補失言，掌握社交的主動權

說出去的話，潑出去的水。

——俗語

說話是沒有草稿的，雖然有的人在說有些話之前要先梳理一下，但總比不上拿著稿子念，因此言語上的失誤就在所難免。碰到言語失誤怎麼辦呢？很多人不知所措，這樣就容易出現使大家都感覺非常尷尬的沉默。其實，善於說話的人知道話已出口，賴是賴不掉的，為了讓聽者對自己更有好感，會馬上調動自己所有的才學來補救。

在三國的時候，「竹林七賢」之一的阮籍在上朝時，忽然有侍者前來報告：「有人殺死了自己的母親！」阮籍向來放蕩不羈，這時信口說道：「殺父親也就罷了，怎麼能殺死母親呢？」此言一出，滿朝文武大嘩，認為他抵牾孝道。阮籍也意識到自己措辭不當，說不定會招來殺身之禍呢。

阮籍腦袋一轉，連忙解釋道：「我的意思是，禽獸知其母而不知其父，殺父就

如同禽獸一樣，殺母呢？就連禽獸也不如了。」一席話說得面面俱到，眾人無可辯駁，阮籍自己也免遭了殺身之禍。阮籍巧妙地引用了一個比喻，在眾人面前不知不覺更換了題旨，平息了眾怒。

「人有失足，馬有亂蹄」，在人際交往過程中，我們經常遇到類似的說錯話的時候。即使如戰國時候的辯才張儀，也有陷入詞不達意的尷尬的記載。雖然言語失誤的原因各不相同，但後果相同：貽笑大方，或者引起糾紛。而如果能及時補救，結果可能就是另一個樣子。當然，這需要說話者冷靜、機智，隨機應變。

在社會交往中，人們都免不了失言。儘管有各種各樣的原因，但失言造成的後果或貽笑大方，或糾紛四起，甚至無法收拾。

那麼，能不能採取一定的補救措施或者糾正方法，以避免言語失誤帶來的難堪局面呢？回答上肯定的，比如用及時改口的方法。相比之下，雷根就表現得很有「心計」。

一次，美國總統雷根訪問巴西，由於旅途疲累年歲又大，在歡迎宴會上，他脫口說道：「女士們，先生們！今天，我為能訪問玻利維亞而感到非常高興。」

有人低聲提醒他說錯了，雷根忙改口道「很抱歉，我們不久前訪問過玻利維亞。」

儘管他並沒有去玻利維亞，當那些不明就裡的人還來不及反應時，他的口誤已經淹沒在後來的滔滔大論之中了。這種將說錯的地點時間加以掩飾的方法，在一定程度上避免了當眾出醜，不失為補救的有效手段。只是，這需要的是發現及時、改口巧妙的語言技巧，否則要想化解難堪也是困難的。

在較為正式的交際場合發生口誤導致失言，這是讓每一個人都感到尷尬的事。失言不但可能引起誤會和不快，還有可能被對方抓住把柄，喪失在交際中的主動地位。不過，失言雖然不可避免，但是也並沒有想像中的那麼可怕，只要累積經驗、掌握技巧，就能夠在一定程度上挽回失言所帶來的惡劣影響，甚至於產生出乎意料的特殊效果。

為了讓自己的錯誤能夠及時得到補救，最重要的是掌握必要的糾錯方法。這就是補救失言辭令的應有之義。

1.將錯就錯

就是在錯話說出口之後，能巧妙地將錯話繼續接下去，最後達到糾錯的目的。其高妙之處在於，能夠不動聲色地改變說話的情境，使聽者不由自主地轉移原先的思路，不自覺地順著說者的思維而思維，隨著說者的話語而調動情感。

某次婚宴上，來賓濟濟，爭向新人祝福。一位先生激動地說道：「走過了戀愛的季節，就步入了婚姻的漫漫旅途。感情的世界時常需要潤滑。你們現在就好比是一對舊機器……」其實他本想說「新機器」，卻脫口說錯，令舉座譁然。一對新人更是不滿溢於言表，因為他們都各自離異，歷盡波折才成眷屬，自然以為剛才之語隱含譏諷。

那位先生發覺出錯，馬上鎮定下來，略一思索，不慌不忙地補充一句：「已過磨合期。」此言一出，舉座稱妙。這位先生繼而又深情地說道：「新郎新娘，祝願你們永遠沐浴在愛的春風裡。」大廳內掌聲雷動，一對新人早已笑若桃花。

這位來賓的將錯就錯令人叫絕。錯話出口，索性順著錯處續接下去，反倒巧妙地改換了語境，使原本尷尬的失語化作了深情的祝福，同時又道出了新人間的情感歷程的曲折與相知。

2.移植法

就是把錯話移植到他人頭上。如說：「這是某些人的觀點，我認為正確的說法應該是……」這就把自己已出口的某句錯誤糾正過來了。對方雖有某種感覺，但是無法認定是你說錯了。

3. 引申法

迅速將錯誤言詞引開，避免在錯中糾纏。就是接著那句話之後說：「然後正確說法應是……」或者說：「我剛才那句話還應作如下補充……」這樣就可將錯話抹掉。

4. 詞義別解

即在說錯了的字、詞上，利用漢語一詞多義的特點加以巧妙別解一形成另外一種解釋。某位中年女演員穿著一件黑緞子面料製作的旗袍參加一個舞會，人們都對她讚不絕口。只有一位心直口快的女子說了句：「穿這件旗袍老多了！」剛一出口，便覺失言，她補上一句：「真的，大街上穿這樣旗袍的老多了，您穿真漂亮！」果然，後面的話使女演員十分高興。這裡，女子聰明機智地把人顯得「老多了」的意思用穿這樣旗袍的人「老多了」的意思一替補，既挽回了敗局，又間接稱讚了對方很時髦，可謂匠心巧運。

5. 半句道歉

「猶抱琵琶半遮面」之所以具有美感，是因為被琵琶遮掩的半面不為人所見，反倒給人留下了說不盡的朦朧與含蓄。同樣，道歉的話也不必完全說出來，話留半句也會令自己擺脫難堪的窘境。比如，說了錯話之後，見到對方不妨用「對不起，我剛才……」或者「真抱歉，我這脾氣……」或者「我這人……對不起……」等這樣的話，雙方都心照不宣，說錯者很容易在這種吞吞吐吐的情況下得到諒解。

能說會道

失言後不可一味死守自己的堡壘，那樣極易導致自己慘敗。使用補錯法應及時，若時過境遷，再使用以上補錯法不僅於事無補，反而會增加別人的反感。必須注意的是，任何補救都要做到天衣無縫，不留痕跡，讓人感到補得言之有理，無懈可擊，千萬不要牽強附會，或矯揉造作，這樣反而會弄巧成拙，錯上加錯。

第九節 辯論中先發制人，爭取主動權

先發制人，後發制人於人。

——《漢書》

先發制人，佔據主動位置，這是論辯中最常用的一種策略，在辯題對己方明顯不利的情況下尤其適用。

一九八六年亞洲大專辯論會上，新加坡國立大學隊和香港中文大學隊展開辯論，辯題是：「外來投資能夠確保發展中國家經濟高速成長」。

香港中文大學隊為正方，新加坡國立大學隊為反方。顯然，從命題上看，香港中文大學隊處於不利地位。因為「確保」一詞是個值得推敲的詞語，如果把「確保」理解成絕對保證，那麼，正方香港大學中文隊幾乎是無理可辯。

不過，香港中文大學隊也有高招，他們採取「先發制人、先聲奪人」的策略，開場就提出「確保」並不是指百分之百保證。比如在中國內地的客車裡，廣播員常說：「為了確保各位旅客的安全，請不要扶靠車門。」這並不是說只要不去扶靠車

門，乘客的安全就百分之百得到保證了。

香港中文大學率先定義「確保」一詞的含義，為自己的論點開闢了廣闊的活動舞臺，而反方新加坡國立大學隊又沒有令人信服地證明「確保」就是百分之百地保證，因此，香港中文大學就化不利為有利，牢牢把握了辯論場上的主動權，並最終獲勝。可以設想，如果不是採用了先發制人的方法，而是在承認「確保」就是百分之百地保證的前提下與對方辯論，正方很難有取勝的希望。

「先發制人」重在一個「先」字，貴在一個「制」字。當你瞭解別人將要說一些對你不利的話或讓你辦一些不想辦的事時，你可搶先開口，或截、或封、或堵、或圍、或壓、或勸，明確告知對方免於開口，打斷對方的話題，用其他話題岔開。這樣就能牢牢掌握交際的主動權，達到自己拒絕的目的。

辯論不是簡單的舌戰，更不是街頭潑婦罵架，而是進攻與防守綜合藝術的運用。顧頭不顧尾地蠻攻和忍氣吞聲地呆守都會造成滅頂之災。在辯論時，為了辨明是非，最經常也是最奏效的戰略就是主動出擊，先發制人，因為只有在進攻、進攻、再進攻中才能始終把握主動權。但不能盲目進攻，要掌握進攻技巧，才能取得好的效果。

1. 正面進攻

辯論中，與對方短兵相接，面對面地直接駁斥對方的論點，尤其是中心論點，指出對方論點的錯誤和明顯違背事實和常理的地方，使其主張不能成立，是辯論制勝的法寶。這就是所謂正面進攻。這是大規模的正規軍決戰常用的手法，最常用，也最難以掌握。

一九八八年「亞洲地區大學生論辯賽」預賽的第一場，香港中文大學隊對新加坡國立大學隊，辯題是「個人功利主義是社會進步的最重要的因素」。辯題即論點，站在反方的香港中文大學隊的一名隊員發言指出：「國父孫中山領導辛亥革命，推翻了中國兩千多年的封建統治，難道是因為個人功利主義嗎？愛迪生發明了電燈，造福於全人類，難道是因為個人功利主義嗎？」

上述例子中採用的就是正面進攻，直接反駁辯題。只用兩個反問句，舉出兩個無可辯駁的歷史事實。孫中山領導的辛亥革命，中國及全世界都知道；愛迪生的科學發明，給全世界帶來了光明，更是世人皆知。論者用這兩個促進社會進步的重大歷史事實，直接證明「個人功利主義是社會進步的最重要因素」這一論點的錯誤。這一方法的效果是全面而且有力的。

2.側面進攻

側面進攻指不與對方正面交鋒，或是因對方論點看似十分堅強，難以找到漏洞，而從側面駁斥對方的論據，或提出對方論據邏輯上的毛病，加以迎頭痛擊，徹底打垮對方。

3. 迂迴進攻

迂迴進攻是指不與對方近距離接觸，而先遠距離地進攻，如從挑剔對方的論辯態度不妥或論辯風度有失，開始詰難，進而抓住對方的論辯企圖，深入進行駁詰。用這種方法，往往使對手措手不及，難以應答。

4. 包圍進攻

包圍進攻是指當對方分論點很雜時，可以分割包圍對方核心論點周圍的分論點及論據逐一進行駁詰，最後推翻對方的核心立論。既然對方分論點不能成立，其核心立論自然不成立。

能說會道

在辯論中，要做到先發制人，搶先掌握主動權，只有以正確的進攻方式攻擊對手，在攻擊過程中發現對方的破綻搶先下手，進而窮追猛打，方可達到預先目的，並一舉取勝。

第十節 步步緊逼，在心理上壓倒對方

對待別人要能克制忍讓，不可懷有仇恨。

——佛蘭克林【美國】

通常，我們總能聽見人們用「一刻千金」、「光陰荏苒」等詞來慨歎時間寶貴。誠然，時間對任何人都是寶貴的。在交際中，尤其是求人辦事的時候，如果你能拿出一副持久耗下去的姿態與對方對抗，就會在心理上壓倒對方，佔據主動地位。

湯姆自辦了一個劇場，卻由於無戲劇評論家前來光顧而愁眉不展，他深知沒人宣傳就沒有觀眾，於是大膽闖入一家報社請「貴客」幫忙。

湯姆點名要見著名評論家弗蘭克，湊巧弗蘭克在倫敦訪問，湯姆乾脆待在報社不走：「我就等到弗蘭克先生回來！」

弗蘭克的助手無奈，只好詢問其原因。湯姆便大施遊說之術，說他的演員如何優秀，觀眾如何熱烈，最後攤牌：「我的觀眾大多是從未看過真正舞臺劇的移民，如果貴報不寫劇評介紹，那我就沒經費繼續演下去了！」助手見其態度堅決，不由

感動了，答應當晚就去看戲。

誰知，露天劇場的演出到中場休息時，便遇上了滂沱大雨。湯姆一見助手躲雨欲走，立即又黏上他說：「我知道，你們劇評家通常是不會評論半場戲的。不過我懇求你，無論如何破一回例！」

湯姆一次次主動地遊說，這種「無賴」手段終於感動了助手，幾天後一篇簡評見報，湯姆的劇場也日漸賣座起來。

不難看出，一個名不見經傳的小小劇場主能夠做到這一步，正是步步緊逼、巧舌遊說的結果。身分卑微的人的言語力量，正是在步步緊逼、死纏爛打中展示出來的。當然，遊說須有分寸，只宜抽絲剝繭般地漸次逼近主題，否則也是徒勞無功的。

與人交流的時候，很多事情都不能完全按計劃進行，我們只能見機行事。例如，可能有比較和善的人會對你善意地微笑，也可能會有比較難纏的人，故意苛刻、難為你。但很多時候，你如果想得到對方的配合或幫忙，首先要拿出主動去「纏」對方的精神，軟硬兼施，不達目的誓不甘休，一步步緊逼而來，在心理上佔據主動的優勢地位，這樣才能守得雲開見月明。

能說會道 一

在舌戰中，搶先將主動權掌握在手中，以正確的進攻方式攻擊對手，借對方的破綻對其窮追猛打、步步緊逼，才能取得最終的勝利。

第十一節 隨機應變，讓話題為你所控

三寸之舌，強于百萬雄兵；一人之辯，重於九鼎之寶。

——《戰國策》

如今，越來越多的人開始重視口才的藝術，甚至有人把它同原子彈、金錢並稱為新時代的三大武器。其中，隨機應變是最為微妙、最有效力的功夫之一。掌握了這門功夫，我們可以在各種環境中駕馭話題，佔據優勢和主動，進而從許多難題和窘境中解脫出來。

有一位教師上《朱德的扁擔》一課時，忽然一個學生提出疑問道：「老師，那時人們很窮，讀不上書，怎麼認得『朱德記』三個字呢？」

這個特別的問題，也許連教科書的編者也沒有想到。怎麼解釋這個問題呢？這位老師對這突然而來的提問沒有絲毫準備，雖然無法立即做回答，卻也沒有束手無策，而是機敏地將這個難題又拋給學生：「是呀！這個問題問得非常好，那麼，哪位同學能來回答一下呢？」

老師機敏地應變回答，將學生提出的難題又迅速以迴旋球的方式踢了出去。這讓我們看到：要從意外場合中打破尷尬或僵局，消解自己的不利處境，關鍵是敏捷的思維、過人的口才。

語言交際時，無論是對對方進行誘導、迂迴或衝擊，口才對策思維都必須具備兩種要素，一是合乎談話者主體動機的含意性，二是合乎自己的思想和行為的針對性。擅長口才應變的人，都知道這兩個要素與口才的密切關係，曾任美國國家安全特別助理的基辛格博士就是其中的一個典型代表。

一九七二年五月三十日，基辛格隨尼克森總統訪蘇結束後，便前往德黑蘭作短暫停留。到達德黑蘭的晚上，時任伊朗首相的胡韋達邀請基辛格去看舞女帕莎表演。帕莎的高超舞藝使基辛格看得出了神，末了，他還和帕莎交談了一陣子，才回到住所。

第二天，在總統的座機上，美國《紐約時報》記者馬克斯．弗蘭克爾向基辛格打趣地說：「你喜歡她嗎？」如此唐突和不懷好意的戲弄，一般人准會窘態百出，而基辛格不假思索，一本正經地回答道：「她是個媚人的女子，而且對外交事務有著濃厚的興趣。」這位記者會錯意了，追問道：「這是真的嗎？」基辛格認真地說：「我們一起討論了限制戰略武器的會談，我費了好些時間向她解釋怎樣把導彈改裝在V級潛艇上發射……」那記者聽到此時，才感到上當了。基辛格所說的「向她解釋」的那個問題，正是這些記者們一直緊追不放而基辛格一直守口如瓶的那個國家機密問題。

基辛格不愧是一位足智多謀、善於應付尷尬場面的外交家，總能沉穩機智地把握交流的主動權。有趣的是，在中國古代歷史上同樣有像基辛格一樣能夠隨機應變、駕馭話題的高手。

有一次，齊宣王問孟子：「怎樣才能稱霸天下？像我這樣的人能不能稱霸天下？」

孟子說：「能，我聽說，有一次慶鐘鑄成，您準備殺牛祭鐘，您因為看到好好的一頭牛無辜被殺，心中不忍，結果沒殺這頭牛。請問大王是否有這種事？」

齊宣王一聽孟子誇獎他，心裡很高興，趕緊回答說：「有這事。」

孟子說：「大王，這是有惻隱之心啊！憑您的惻隱之心，就可行王道，統一天下。」聽了孟子的話，齊宣王更高興了，於是讓孟子把話說下去。此時，孟子卻把話鋒一轉，說：「問題在於您肯不肯做了。比如有人說：『我能舉起千斤重的東西，但卻舉不起一根羽毛；眼睛能看清毫毛，卻看不見滿車的木柴。』您相信這是真話嗎？」

齊宣王說：「我當然不相信這種話。」

孟子繼續說：「這就對了。如果您能用好心對待牛，卻不能用這種好心對待老百姓，這也同樣叫人不能相信。這就和不肯單一根羽毛和看不見一車木柴一樣。如今老百姓之所以不能安居樂業，這是因為您根本不去關心，而不是能不能幹的問題，問題是您『不為也，非不能也』。」

孟子很聰明，在勸諫的過程中，設伏環環相扣，靈活駕馭話題，使得身居高位的齊宣王被牢牢牽住。

事實上，無論是在平淡的場合，還是在激烈舌戰的場合，甚至是非常尷尬的場合，若能機敏地駕馭交談話題、發揮這個話題，那麼就佔據了交際的絕對優勢，制勝也是很自然的事了。

要想在交流的過程中掌控主動權，就必須能夠掌控話題，讓對方跟著你的思路轉，這樣你也就能隨時佔據優勢了。

how to be a smooth talker

怎樣說才能贏得別人的信任

第二章

第一節 分擔苦惱，博得對方信任

金錢買不到信任。

——維吾爾族諺語

人們對於能理解自己欲求、不滿和煩惱的人的忠告，無疑會洗耳恭聽。

有一位經理，選派一名部下去做一項工作。他選定這名部下的理由，是認為只有他才能夠完成這項任務。

可是，這名部下拒絕了，並向他發牢騷：「每一次碰到艱難的工作，都派我去，真倒楣！不好的事情，怎麼老是落到我身上？」

其實，經理並不是故意找對方的麻煩。他對所有的部下都一視同仁。他選派這一名部下去做，當然有他的理由。如果說，他們兩人之間誰有錯的話，那麼錯的不是他，而是他的部下，因為他不應該抗命。

可是，經理卻不用這個道理去告誡對方，他曉得這麼做會使對方更不高興。他想，對方可能不是真正為了這件事本身在生氣。可能是為了太太或小孩的事情，也可能是為了別的事情心裡不愉快，而這一件工作的指派，卻成為對方發脾氣的導火線也說不定。對方心中的鬱悶在找缺口發洩，那麼，就讓他發洩好了。於是，經理開始設法讓對方儘量說出心中的話。

經理：「為什麼你會這樣想呢？」

部下：「不是嗎？每一次碰到很難的工作總是輪到我。如果是偶爾碰上幾次，我也沒話說，可是每次都這樣，我怎麼吃得消？」

經理：「你以為別的同事沒有做過很難的工作，是不是？」（他設法讓他說下去。）

部下：「雖然他們也做過，不過我被指派的次數最多。」

經理：「我沒有想到你會這麼想。為什麼？」（他不反駁對方的話，而是暗示對方可以儘量將心中的話全部說出來。）

部下：「其實，我也不想講出來，不過，我認為經理太……雖然，在別的方面，經理是很公平的，不過在這方面卻不大公平。」（發洩了心中鬱悶之後，心情也漸漸平靜下來。至少，對方也承認經理在別的方面處理得很公平。對方逐漸變得理智些了，所以經理認為現在可以告訴他真相了，因此就這麼說。）

經理：「你認為我總是把不好的工作派給你做，所以你就生氣，我很瞭解你的心情。不過，事實並不是這樣。因為像這一類艱難的工作，不是每一個人都能夠做得來的，你說是不是？如果硬要他們去做，將會造成嚴重的後果。可是你就不同了，從學識、經驗各方面來說，如果不派你，那麼還有什麼人可以勝任？」

想想看，經過了這樣的對話，下一次再指派他去從事艱難的工作，對方還會好意思拒絕嗎？

當對方心中有了苦惱而鬱悶不悅時，應該儘量讓他把苦惱和鬱悶傾訴出來。人們坦白道出心中的不滿和煩惱，如果知道能被接納的話，心中的迷惑便能一掃而空，信任之感油然而生。此時，你對別人就擁有影響力。

能說會道

「傾聽」往往被誤認為是「聽見」，其實它既包含有「聽見」的含義，還有「真誠」、「細心」、「專注」、「理解」的意思。所以幫他人分擔苦惱的時候，不僅僅是聽，還要用心，這樣才能有效贏得對方的信任。

第二節 層層釋疑，讓對方放下心理包袱

信任別人的善良實在是自己的善良的明證。

——蒙田【法國】

無論是求人辦事，還是想進一步發展彼此的交情，贏得他人信任是成功交際必不可少的基本條件。因為人的思想是複雜的，有時會對某些事情感覺不是很有把握，或對某一事物不理解、想不通，於是疑慮重重，這些往往是無法避免的。

想從根本上解決這個問題，就要求我們要善於以情定疑，把道理說透。一旦消除了這些疑慮，自然就能夠贏得對方的信任。不過，消除別人的疑慮並不是一件很容易的事情，而需要一點一點、層層遞進，窮追不捨，把道理講明白、講透徹，這就是層層釋疑的方法。

一九二一年，美國百萬富翁哈默聽說蘇聯實行新經濟政策，鼓勵吸收外資，就打算去蘇聯做糧食生意，當時蘇聯正缺糧食，恰巧美國糧食大豐收。此外，蘇聯有的是美國需要的毛皮、白金、綠寶石，如果讓雙方交換是一筆不錯的交易。哈默打

定主意，來到了蘇聯。

哈默到達莫斯科的第二天早晨，就被召到了列寧的辦公室，列寧和他進行了親切的交談。糧食問題談完以後，列寧對哈默說，希望他在蘇聯投資，經營企業。西方對蘇聯實行新經濟政策抱有很深的偏見，做了許多懷有惡意的宣傳。哈默聽了，心存疑慮，默默不語。

列寧當然看透了哈默的心事，於是耐心地對哈默講了實行新經濟政策的目的，並且告訴哈默，「新經濟政策要求重新發展我們的經濟潛能。我們希望建立一種給外國人以工商業承租權的制度來加速我們的經濟發展。」經過一番交談，哈默弄清了蘇維埃政權的性質和蘇聯吸引外資企業的平等互利原則，於是很想大幹一番。但是不一會兒，他又動搖起來，想打退堂鼓。為什麼？因為哈默又聽說蘇維埃政府機構人浮於事，手續繁多，尤其是機關人員辦事拖拉的作風，令人吃不消。

當列寧聽完哈默的擔心時，立即又安慰他道：「官僚主義，這是我們最大的禍害之一。我打算指定一、兩個人組成特別委員會，全權處理這件事，他們會向你提供你所需要的說明。」除此之外，哈默又擔心在蘇聯投資辦企業，蘇聯只顧發展自己的經濟潛能，而不注意保證外商的利益，以致外商在蘇聯辦企業得不到什麼實惠。當列寧從哈默的談吐中聽出這種憂慮時，馬上又把話說得一清二楚：「我們明白，我們必須確定一些條件，保證承租的人有利可圖。商人不都是慈善家，除非覺得可以賺錢，不然只有傻瓜才會在蘇聯投資。」

列寧對哈默的一連串的疑慮，逐一進行釋疑，一樣一樣地都給他說清楚，並且斬釘截鐵，乾脆俐落，毫不含糊的把政策交代得明明白白，使得哈默心中一塊石頭落地。沒過多久，哈默就成了第一個在蘇聯承租辦企業的美國人。

假如當初列寧不是很巧妙地解開哈默的疑問，那麼哈默很有可能就不會在蘇聯投資了，那樣無論對哪一方都將會是一種損失。因此，在交際中，當對方心存疑慮時，你若是想贏得對方的信任，最好採用層層釋疑的方法，將對方的疑團解開，讓其甩掉心理包袱，那麼彼此間的交往就會變得順暢多了。

能說會道

要想完全獲得別人的信任，我們必須將對方的懷疑一點點消除，這個過程可能是漫長的，但這是一個必需的過程。

第三節 抓住決定性瞬間，表示誠意

人與人之間的相互關係中對人生的幸福最重要的莫過於真實、誠意和廉潔。

——佛蘭克林【美國】

一個參賽的棒球運動員，雖有良好的技藝、強健的體魄，但是如果他沒有把握住擊球的「決定性瞬間」，或早或遲，棒就落空了。

同樣，一個人說話的內容無論如何精彩，但如果時機掌握不好，很難讓對方注意到你的誠意，他不僅不會對你產生信任感，你也無法達到說話的目的。因為聽者的內心，往往隨著時間的變化而變化。所以要對方信任你，願意聽你的話，或者接受你的觀點，或是與你進行深入的交流，就應當選擇適當的時機表示你的誠意。

要知道，時機對交際者來說非常寶貴。但何時才是這「決定性瞬間」，怎樣才能判明並抓住它並沒有一定的規律，主要是看當時的具體情況，憑經驗和感覺而定。但這裡有一個「切入」話題時機的問題。

交際場合往往會出現這種情況：有的人口若懸河，滔滔不絕，十分健談；而有的人即使坐了半天，也無從插話，找不到話題。講話要及時「切入」話題，首先必須找到雙方共同關心的基本點。

傑克新買了一台洗衣機，因品質問題連續幾次拉到維修站修理，都沒有修好。後來，他找到商場經理訴說苦衷。

經理立即把正在看偵探小說的年輕修理工湯姆叫來，詢問有關情況，並提出批評，責令其速跟客戶回去重修。

一路上，湯姆不發一語。傑克靈機一動，問道：「你看的《福爾摩斯》是第幾集？」對方答道：「第一集，快看完了，可惜借不到第二集。」傑克說：「包在我身上。我家還有不少偵探小說，等一會兒你儘管借去看。」

接下來，雙方圍繞著偵探小說你一言我一語，談得津津有味，開始時的緊張氣氛也消除了。後來，不但洗衣機修好了，兩個人還成了好朋友。

切入話題除了要注意雙方所關心的共同點，還要考慮在什麼時候最好。經過研究指出：在討論會上，最好是在兩、三個人談完之後及時切入話題，這樣效果最佳。因為這時的氣氛已經活躍起來，如能不失時機地提出你的想法，往往容易引起對方的關注。而要是先發言，雖可以在聽眾心中形成先入為主的印象，但因為時過早，氣氛還較沉悶，人們尚未適應而不願隨之開口；若是後講，雖可進行歸納整理，井井有條，或針對別人的漏洞，發表更為完善的意見，但因太晚，人們都已感到疲倦，想儘快結束而不願再拖延時間，也就不想再談了。

贏得他人信任的時機應選在對方心情比較平和的時候。開口說話之前，應先看看對方的「臉色」，看了「臉色」，才能決定說什麼話。這種所謂「臉色」，是心境在臉部的一種反映。在人心境不好時，「無所不愁」；心境好時，「無所不樂」。當你與人說話時，必須把這作為一個前提來考慮。

一個懂得人心理的調解人員，即使事故的責任主要在於受傷者，也不能馬上對因家人受傷而處於悲憤之中的家屬進行調解。不論是挨罵還是受到冷落，都要以謙恭的態度給以安慰，滿懷誠意地前去看望，以等待對方相關的人情緒鎮定下來。這時充滿誠意的交涉態度才會收到較好的效果。要掌握好表示這種誠意的時機，也是不可忽視的一個重要問題。

能說會道

誠意有助於消除彼此之間的不信任感，因此展示誠意就顯得十分重要。但表達誠意時，一定要找準時機。只有抓準時機表達誠意，才能讓對方有所感受，並獲得對方的信任。

第四節 說出他應該知道的，消除不信任感

懷疑一切與信任一切是同樣的錯誤，能得乎其中方為正道。

——喬叟【英國】

一般情況下，不信任感容易產生在我們未給予對方充分的資訊，讓對方懷疑你對他隱瞞的時候。因為雙方掌握的信息量有出入，對方會擔心自己處於不利的狀態。

在交際中，如果不消除對方這種不信任的心理狀態，你與他溝通任何事情，哪怕是請他幫個小忙，他都會擔心你在利用他的無知，因此根本不會與你合作。

其實，無論多麼嚴重的不信任感，其原因大多數都是極其微小的。但是，無論它多麼微小，如果有了不信任的萌芽，又任其發展，那麼在以後和各種場合中，人們往往只聽得進那些加強不信任感的資訊，並讓它逐漸成長發展起來。每個人都是一個多面的個體，即使對同一個人，感覺也不會完全一樣，有時有好感，有時又有厭惡之意。一旦對某人產生了不信任感，好感便完全抹殺掉，只留下一片厭惡的記憶。在大致可分為剛開始萌芽、處於發展中的不信任感和已經發展起來的不信任感

中，其解決的方法也各有差異。這種差異並不是不信任 感念頭產生之後的時間差，確切地說應該是已經發展為根深蒂固的不信任感，與尚未達到這種程度的不信任感的差別。

想避免或挽救這種情況，我們必須注意兩個方面的問題。一是，不要自我推斷地認為對方可能已經知道了某些事情，就不告訴他相應的資訊；二是，「因為他沒問，所以我沒說」。但在實際交際過程中，這兩種做法都是行不通的，而且會阻礙交際的順利進行。

客觀而言，缺乏資訊的對方沒有採取主動詢問，往往是有原因的。這些原因主要包括兩點：第一，不知道自己的不明之處，也就是說，不知道自己在哪方面缺乏資訊；第二，因為不知道，所以擔心對方知道自己不知道。

小李和小張是同時進入同一公司同一部門的同事。上司見他們兩人脾氣比較合得來，於是就把他們兩人分到了同一個項目組。

某日，上司要出差，臨行前分別用網路留訊息給小李和小張，要二人加班將手頭的工作提前一星期完成。小張看到消息後，本想去告訴小李一聲，但由於消息上是說：「小李、小張：我這兩天出差，你們組的專案因客戶交期提前，麻煩加速進行，在這星期日交出成果。」他認為小李一定也收到了消息，便主觀地認為只要把自己承擔的那部分工作做好，到時候與小李匯總上交即可。誰料，小李的電腦當天出了問題，導致小李根本沒有看到消息。同時，雖然小張和小李都非常熟悉自己的業務範圍，但對於對方的業務，則只是略知一二。也因兩人性情都比較內向，又認為對方肯定知道自己不精通人家的領域，所以平時就很少相互交流，只是在業務上默默地合作著。

由於這種種原因，結果可想而知。週日，小張把自己那部分工作結果整理好找小李匯總。小李先是一頭霧水，接著心中就燃起了熊熊的怒火，憤恨地質問小張：「這麼大的事情你怎麼不告訴我一聲？」小張反而一臉無辜的樣子，說：「上司同時給兩個人發的消息，我以為你一定知道呢！再說，你是那區塊的業務高手，我平時要是老追問你的工作，不是班門弄斧嗎？」

最後，兩人都認為對方做得不對，把彼此列入了不可信任的名單，而且還因為小組沒有完成任務被上司導責怪了……

可見，為了防止因信息的差距而產生不信任感，或是已經產生了不信任感想加以消除，你首先應該把你認為「他應該知道」的事情也詳細地告訴對方，以縮小這種信息量的差距。

此外，必須注意的是，在給予對方資訊時，如果都是你這一方的資訊，反而會招致對方對你的不信任。因此，你應該自然地說明對方可以確認那些資訊是否可靠的辦法。例如，你可以對他說，「你去問某某人，就更清楚了」。

能說會道

有些時候，我們應該對對方完全坦白，至少要將對方應該知道的全盤托出，不然，一旦讓對方知道我們有所隱瞞，要再獲取對方的信任就難了。

第五節 增強親密感，贏得對方信任

竭誠相助親密無間，乃友誼之最高境界。

——瓦魯瓦爾【印度】

有位經驗豐富的公司經理，計畫利用現任職位上的客戶資源創辦一家新公司賺大錢。於是他找了兩名以前的手下，共商創業的事。後來他發現他們三個人數太少，很難成功。於是他要他的手下另外再找七個人，組成十個人的創業團隊。

他的手下順利地找到了他們所需要的人手。不過這位經理卻發現，他與這七個新夥伴根本就不認識，他們是否值得信任實在是一個大問題。為於是他想到了每晚分別與一個新夥伴共進晚餐的好辦法。席間他除了交代各人的職責之外，還鄭重地向他們表示「我也跟你們一樣需要錢」！

結果，因為彼此有了共同的目標，這個計畫最後終於成功了。

上例中，因為大家有了共同的目標，迅速拉近了彼此之間的距離，進而增加了彼此之間的親密感，贏得對方的信任。

換句話說，交流中若能先讓彼此親密起現實交際中，除了共同目標能夠增強親密感之外，還有其他一些增強親密感的技巧。

1.與人初次相見，坐在他的旁邊較易進入狀態

相信每個人都有過這樣的經驗，那就是與人面對面談話時，往往會特別緊張。因為人與人一旦面對面，眼睛的視線難免會碰在一起，容易造成彼此間的緊張感。相反，與人肩並肩談話，在精神上絕對比面對面談話要來得輕鬆。

因此與人初次相見，坐在他的旁邊往往較容易進入狀態。這點，同樣適用於與異性約會的時候。

2.儘量製造與對方身體接觸的機會

事實上，每個人都擁有一個無形的「自我保護圈」，除非是非常親密的人，否則不容易進入這個範圍。但反過來說，若對方已經侵入了這個圈內，則往往會產生對方是自己親密者的錯覺。人與人之間有了直接的接觸，彼此間的距離會一下子縮短許多。

因此，若想在短時間內縮短與初識者間的距離，最簡單的方法就是盡可能地製造與對方身體接觸的機會，比如握手、拍拍肩膀等等。

3. 若與對方有共同點，就算再細微的也要強調

「你家住哪……喔，那個地方我以前常去，附近是不是有一家雜貨店？」像這樣，為了縮短與對方之間的距離，只要是可以拉近彼此距離的話題，就算再小的也要強調。

因為人與人之間一旦有了共同點，就可以比較快消除彼此間的陌生感，產生親近的感覺。這樣不但可以使對方感到輕鬆，同時也具有使對方說出真心話的作用。

事實上，我們每個人都具有同樣心理。例如兩個陌生人一旦發現彼此竟然曾就讀同一所學校，頃刻間就會產生「自己人」的感覺，就容易打成一片。因此，在與人交往時，找到一些共同點強調一下，往往會收到意想不到的效果。

4. 常用「我們」這兩個字

在聽演講時，對方說「我認為……」帶給聽者的感受，將遠不如他採用「我們……」的說法，因為採用「我們」這種說法，可以讓人產生團結意識。

5. 多聊自己曾經失敗的事

人們在一起的時候，常會聊一些話題來拉近彼此間的距離。此時若談自己曾經失敗過的事，會比談自己成功的事，更容易拉近彼此間的距離。因為老是炫耀自己

成功的事情，容易讓人產生反感，而留下不好的印象。

6. 每次見面都找一個對方的優點讚美

有一家商店生意非常興隆，原因就在於他們店裡的每一位店員，都不斷地與購物的人聊天。他們除了會向客人打招呼之外，還不斷地找客人的優點來誇讚。例如，他們會向一位太太表示「您這件上衣很漂亮」，然後向另一位太太表示「您的髮型很好看」。

他們不斷地讚美別人，而且是按每一位客人不同的個性，選擇適當的讚美詞。因此很自然的，在這些客人的潛意識中，就會產生到這家商店購物就可以受到讚美的心理，因而越來越喜歡到這家商店。

能說會道一

如果我們每次見面都被人誇讚，自然而然地會想再見到這位讚美我們的人，這是任何人都會有的心理。因此，每次見面都找出對方的一個優點來讚美，可以很快地拉近彼此間的距離。

第六節 守口如瓶，贏得信任

對自己不信任，還會信任什麼真理。

——莎士比亞【英國】

作為下屬，朝夕與上司相處，多少會知道上司的一些不為人所知的祕密。無論是上司有意讓下屬知道，還是無意間被下屬撞見，上司都不希望下屬將自己的祕密透露出去。

不論是作為一個普通人還是作為上司的下屬，替人保守祕密都是做人的基本道德要求。更何況，作為下屬日後還要在上司手下做事，不得罪上司是最基本的要求。可以說，在某種程度上，下屬能否保守祕密，是贏得上司信任乃至贏得自己升職加薪機會的關鍵所在。

作為下屬要明白這一點，上司能夠把祕密透露給我們是對我們的信任，那麼我們就要抓住機會，不辜負上司的這份信任。平時口風緊、不參與傳播流言的下屬可以明哲保身，而能夠守口如瓶地保守祕密的下屬就可以成為上司的心腹了。想要成為這樣的下屬，我們就在和上司說話的過程中注意以下幾點：

首先，對於得知上司祕密的入口處，我們要儘量躲開。

要知道，一個人知道得越多，自身也就有越多的危險。正在與上司說話的過程中，如果遇到有他人進來彙報工作，或者碰巧有電話打進來，下屬要主動提出告辭，可以和上司說「請您先忙，我可以稍後再來」。這樣就能夠給對方足夠的私人空間處理事情，進而避開有可能得知上司祕密的管道。不知道上司的祕密，上司也就不會將你視為威脅了。

其次，在平時和上司說話的過程中，要表現得態度自若，不主動打聽對方的祕密。儘量不在上司面前議論他人，使上司明白你在他人面前也不會議論他。談完工作就主動告辭，不主動向上司窺探祕密。如果上司主動向你透露了祕密，一定要當面向他保證「今天的談話不會有第三個人知道」。

最後，對於上司的祕密，我們要嚴加把守。對於自己知道的祕密，在他人面前絕口不提；對於他人討論的上司祕密，不論自己知道不知道，都不參與討論，不妄下評論。無論在上司面前還是背後，都要樹立守口如瓶的良好形象。

能說會道

每個人心底都有一些不願為人所知的祕密，上司也一樣。作為下屬，如果不僅能夠在工作上為上司分憂解難，而且可以私下裡為上司保守祕密，那麼就容易贏得上司的信任，離升職加薪也就不遠了。

第七節 讓上司聽到你在工作中的快樂

快樂是一種香水，無法倒在別人身上，而自己卻不沾上一些。

——愛默生【美國】

快樂是可以傳染的，這是一個顛撲不破的真理。把快樂傳遞給更多人，自己的快樂也會加倍。對親人朋友如此，對上司又何嘗不是呢。

每天看著下屬的笑臉，感覺到他們熱愛自己的工作，整個公司充滿活力、積極向上，試想哪個上司看到這樣的場面不會高興？不會對你產生一種信賴感？喜愛一份工作、將其作為興趣愛好來經營，你不僅每天感覺工作愉快，且充滿成就感；反之，每天壓力纏身、愁眉苦臉，可是工作還是必須完成，那工作於你就是種折磨。

所以，在享受工作帶來的快樂時，不妨也把這份快樂傳遞給上司，讓他感受你的快樂，這不僅能讓你與上司間的關係更加和諧，有時或許還能帶來意想不到的好處。

剛從學校畢業的志華似乎比其他同學都要幸運，一次看似普通的面試讓他順利得到了一份不錯的工作。面試時，好多應聘者因太過緊張，不但說話結結巴巴，面部表情和肢體語言也非常僵硬，面試結果很不理想。可是志華似乎沒太在意，他輕鬆自在，談笑風生。

當面試官問到他為什麼想到這裡工作時，志華發自內心地笑了：「因為我喜歡這個公司，喜歡這裡的工作環境。我進到這裡每個看見我的人都對我點頭微笑；在座的幾位面試官似乎也沒有架子，平易近人；另外我看過公司的相關介紹，這裡的工作理念和文化都非常吸引我。我想，在這裡工作的話我一定會非常快樂。」

面試官點點頭，笑了。面試後沒幾天，志華就接到了錄用通知。之後每天上班志華都很開心。見到上司，志華也笑眯眯地打招呼。

當上司關心他是否習慣這份工作時，志華想都沒想，回答說：「非常習慣啊，有很多新事物需要學習，我每天都很開心，真想一直在這裡工作呢。」

聽完這些話，上司又點點頭，笑了。在隨後的一段時間裡，志華雖然並沒有出色的業績，但他仍然很快樂。

在一次會議上，新進員工被要求談談自己的成績和想法，在其他人都絞盡腦汁讓自己的工作看起來更富成果的時候，志華只是簡單地笑笑，說：「這段時間我似乎沒有很出眾的成績，也沒有什麼失誤。但我每天很快樂，我在做喜歡的工作，享受在公司的每一天。」上司又笑了。

後來志華才知道，自己能僅一次面試就得到了工作，工作成績不突出也沒受到責備，並不是靠幸運之神的眷顧。在他之前有一個非常能幹的女孩，但工作不久便離開了，因為她每天都生活在焦慮和緊張之中。儘管她工作十分出色，但同事和上司也被她的不良情緒傳染的非常沮喪，整個辦公室死氣沉沉。

在志華進入公司之後，上司曾經跟其他經理這樣說過：「志華每天開心地工作，每個看到他的人也都會感覺開心。這樣不僅辦公室的氣氛和諧了許多，大家的工作效率也在提高，這就是他的過人之處啊。而且這樣的員工，我相信他今後一定也會把工作做好的。」

原來，發自內心的快樂成了志華的「敲門磚」，也讓他得到了上司的認同和更多的發展機會。所以當你真正享受工作的時候，不要吝惜，要學會把快樂傳遞給上司。當然，有幾個小技巧能幫你更好地傳遞快樂：

1. 多用簡潔而肯定的句子

當你自信滿滿的對上司交代的任務說「好，沒問題」或者「我能做到」這樣的句子時，對方往往能感受到你工作的積極性，這不僅是你對自己的心理暗示和肯定，也能讓他對你更有信心，對你也會更加信任。

2. 氣沉丹田，「用腹部說話」

與上司說話時，運用腹部的力量把氣息轉化成聲音，這樣做比起單純用嗓子發聲，聲音聽起來會較為沉穩有力，讓人感覺你勝券在握，平添幾分欣賞和信任。

3. 肢體語言的運用非常重要

直視對方眼睛、面帶微笑，再加上合適的手勢和動作，能大大增加快樂的。與上司說話時儘量簡單直接，不要加入過多的口頭禪和插入語，更不加有負面情緒的詞語和敘述，這樣會顯得更加自信，內心的快樂也更容易地傳遞給他人。

能說會道

樂觀、積極、快樂能讓一個人工作起來效率高，成就大，上司也深知這一點。所以，當你把對工作的那份快樂之情表達給他聽時，他會覺得你是一個善於工作和會享受工作的人，因此也會更加信任你。

第八節 面對上司的模糊決定，不要急於表態

要做鬥士，便必須在別人不信任人的時候信任自己。

——羅賓遜【美國】

一家公司或者一個部門的負責人，他考慮的是整個大局的發展，在做決定時往往不會把他的決定明確地表達出來，而是給下屬提供了一個比較模糊的說法。這其實是一種運籌帷幄的表現，同時還可透過這個方式來考察下屬，找出能令他信任的人。

面對這種情況，有的下屬往往沉不住氣，就直接去找上司直抒胸臆，貿然表態，結果不但沒能從上司那邊得到滿意的答案，反而有可能失去了被提拔的機會。

王剛是一家公司的小主管，為人正直，說話也比較直白，經常不注意方式、場合。有一次，公司剛好空出一個經理的職位，本來王剛是最有希望晉升的，這件事也讓王剛高興了好一陣子，沒想到，老闆卻把他叫到辦公室，說這個職位要在王剛和瑞賢等人之間產生，有可能還會有其他的候選人。

王剛頓時猶如被潑了一桶冷水，不悅的情緒立刻表現出來，雖然沒有對老闆說什麼，但在私下裡卻牢騷滿腹。因為這個職位除了王剛，實在沒有人可以更合適的了，王剛在這家公司的業績和能力是大家有目共睹的，而且頗得下屬的愛戴和佩服。

王剛實在不理解老闆的想法。他準備跟老闆好好爭取，所以又找了老闆，並陳述自己的功績，可是老闆還是堅持己見。王剛有點憤怒了，一氣之下，向老闆提出了辭職，他覺得憑自己對公司的貢獻，老闆是不會同意的。沒想到，老闆居然同意了。

第二天，新經理的職位被和王剛地位一樣，卻沒有王剛能力強的瑞賢擔任了。其實當天老闆也對瑞賢說了同樣的話，但瑞賢任勞任怨，沒有任何的抱怨。結果王剛由於不能克服自己的不良情緒，把升遷的機會拱手讓給了他人。

在上述案例中，王剛和老闆之間就是一場博弈，是一場職場的博弈，也是一次人際關係的互動。老闆對王剛說的話正是要看王剛的選擇，他要根據王剛的選擇，再作出自己的判斷。結果王剛沒有領會老闆的意思就急於表態，惹得老闆不滿，好機會自然落不到他身上。

從王剛的例子中可以看出，在上司沒有對某件事情做出明確決定之前，下屬最好不要急於表態。有可能他只是借此機會考察你而已，如果你貿然表態，只會招來他的不滿，而你也會因此失去了他的信任和賞識。

聰明的下屬在面臨上司的模糊決定時，要學會不急著向對方表態，而是學會審時度勢，積極從對方的話語中體會他的意思，在努力做好自己工作的前提下積極與上司溝通，這樣既得到了上司的認可和信任，也會讓他在有提拔機會時第一時間想到你，這才是理智對待上司模糊決定的做法。

能說會道

一般情況下，上司沒有明確表態之前，我們能做的就是等待，千萬不能操之過急，否則很可能讓對方覺得我們很急躁，因此產生不信任感。

第九節 敢於承擔，不為失職找藉口

司令官與他的部隊之間的相互信任是無價之寶。
——蒙哥馬利【英國】

職場上，很多下屬只願意讓上司看到自己的功績，一旦自己的工作出了差錯就會拼命找藉口推脫：「今天交通嚴重塞車，在路上耽誤了太多時間，我才會錯過和客戶的會面的。」「我本來可以做得更好的，但是時間太緊迫了。」「要不是今天下雨，我是不會遲到的。」其實，你的這些藉口在上司聽來，只不過是在推卸責任，不願意承擔已造成的失誤罷了。

凡事只會找藉口推脫的、不敢擔當的下屬，是不會贏得上司好感的，這樣的下屬想要贏得上司的信任更是難上加難。

白鶴和孔雀是同事，他們倆工作一直都很認真，也很努力。老闆也對他倆很滿意，可是一件事卻改變了兩個人的命運。

一次，白鶴和孔雀一同把一件很貴重的古董送到碼頭。沒想到送貨車開到半路卻壞了。因為公司有規定：如果無法按規定時間送到，他們要被扣掉一部分獎金。於是，力氣大的白鶴背起古董，一路小跑，他們終於在規定的時間趕到了碼頭。這時，心存小算盤的孔雀想，如果客戶看到我背著郵件，把這件事告訴老闆，說不定會給我加薪呢，於是他對白鶴說：「先把古董交給我，你去叫貨主吧。」

當白鶴把郵件遞給他的時候，他一下沒接住，古董掉在了地上，摔成碎片。他們都知道古董打碎了意味著什麼，沒了工作不說，可能還要背負沉重的債務。果然，老闆對他倆進行了十分嚴厲的批評。在他們等待處罰的過程中，孔雀避開白鶴，一個人走到老闆的辦公室，對老闆說：「老闆，不是我的錯，是白鶴一個人不小心弄壞的。」

老闆把白鶴叫到了辦公室，白鶴把事情的原委告訴了老闆。最後他說：「這件事是我們的失職，我願意承擔責任。另外，孔雀的家庭條件不好，請求老闆酌情考慮對他的懲罰。我會盡全力彌補我們所造成的損失。」

接下來的幾天，他們就等待處理的結果。終於有一天，老闆把他們叫到了辦公室，對他們說：「公司一直對你倆很器重，想從你們兩個當中選擇一個人擔任客戶部經理，沒想到出了這樣一件事，不過也好，這讓我們更清楚哪一個人是合適的人選。我們決定請白鶴擔任公司的客戶部經理。因為一個勇於承擔責任的人是值得信任的。孔雀先生，從明天開始你就不用來上班了。」

「其實，古董的主人已經看見了你們倆在遞接古董時的動作，他跟我說了他看見的事實。還有，我更看重的，是問題出現後你們兩個人的反應。」老闆最後說。

面對已造成的失誤，孔雀只是一味地把責任推卸到白鶴身上，結果不但沒得到老闆的認可，反而失去了老闆對他的信任，可謂損失慘重。如果孔雀和白鶴一樣，面對失誤，坦誠地向上司承認錯誤，並勇於承擔起責任，或許上司也會對他加以重用。

當面對工作上的失職，也許你認為找藉口為自己辯護，就能把自己的錯誤掩蓋，把責任推得乾乾淨淨，但事實卻並非如此。可能上司會原諒你一次，但他心中一定會感到不快，對你產生「怕負責任」的印象。你為自己辯護、開脫，不但無法改善現狀，而且所產生的負面影響會讓情況惡化。

要培養勇於承擔的能力，不為自己的失職找藉口，而是坦誠地向上司說明實情，請求諒解。上司也是明事理的人，面對敢於承擔的下屬，他自然也會願意接受你的歉意。你這份敢於承擔的勇氣也會給他留下好的印象，進而贏得上司對你的信任。

能說會道 一

「這不是我的責任」，是下屬常常掛在嘴邊的話。推卸責任、保全自己是人的一種本能反應，但是面對自己工作的失職，還是要勇於承擔。任何一個人，朋友也好，愛人也好，老闆也好，他們都會喜歡與敢於承擔責任的人相處、共事和生活。

第十節 不吝表揚，讓下屬唯「你」是瞻

人與人之間最大的信任就是關於進言的信任。

——培根【英國】

擔任企業資源開發公司總經理的麥克斯．卡雷在一九八一年創立以亞特蘭大為中心的銷售和市場服務公司，就曾經歷過步履維艱的困窘。當時，他的手下只有一個臨時雇員，按他的話說：「大的成功離我們太遙遠，我們幾乎感受不到任何激勵。」他想出了一個決定：每次獲得一個小成功都要自己慶賀一番。

卡雷出去買了一個警報器，還配了擴音器，這樣就能發出救護車的聲音。如果他在電話中宣傳自己的產品時能繞過培訓部主管，直接與那家公司的總經理通話，就要鳴笛慶賀一次；如果收到一大筆訂貨，警笛也會鳴響。

如今，他的公司已擁有一百多萬美元的資產和十一名雇員。每個星期，警笛聲要在公司內迴盪十次。每當知道有好消息時，大家都要出來聽他們的同事對剛剛取得的成功吹噓一番，這也為大家提供了互相交流的機會。

卡雷說：「我們的雇員經驗還不夠豐富，無法取得大的成功，所以這種慶賀也是一種很大的鼓勵。」正是用這些小進步來不時地表揚鼓勵，使卡雷的公司取得了驚人的進展。

卡內基認為，很多人在開始自己的事業的時候，常常會感到艱難和孤獨。在失意之時聽不到一句鼓勵的話，成功時也沒有人向他們表示祝賀。在這個時候，如果得到的即便是片言隻語的表揚，那也是令人興奮不已的，會使他更加堅定信心，努力地把事情做好。

領導者常常犯有「大成功大表揚、小成功不表揚」的錯誤。其實這種見解是片面的，實質上是在空洞理論的基礎上得出了一個形而上學的結論，沒有考慮人的內心欲求，特別是在最初工作時的孤獨與艱難。當一個下屬初次走上一個工作崗位時，他會陌生於這裡的環境，如果在做出一點小成績時就得到了上司的表揚，那麼他的信心就樹立起來了。

所以，領導者應該記得表揚下屬的每一個進步，不管這進步有多麼微小，都要不吝對其進行表揚。

能說會道

適當的時候，對下屬進行表揚，會讓下述對你心懷感激，並且也會更有工作的幹勁。

第十一節 對下屬說「不行」，但別讓他覺得你漠不關心

好行善事，關心別人也是一種品德。
——佚名

工作中，員工有時會向你提出某些要求，有的要求是合情合理的，有的卻可能是非分的要求，那麼作為上司，如何拒絕員工的某些要求，才不會使員工感到難堪或者影響員工的情緒呢？

一些平常你有可能會同意的要求，在某些場合你卻不得不拒絕，例如：要是在全年最忙的幾天，有人要請假，或者別的經理想從你部門借一名員工用一星期，你很可能會一口回絕：「不行。」怎樣的拒絕才會有理卻又不會讓對方難堪呢？

恰到好處的拒絕既有利於自己，也有利於別人。作為領導者，你不可能什麼事情、什麼情況下都能滿足員工的要求。有些人經常在該說「不」的時候沒有說「不」，結果到頭來既害己、又害人，將人際關係弄糟。

對於員工的要求，不論合理與不合理，你都必須要有非堅持不可的立場。當員

工要求休假的時候，可能會有兩種情況：要麼是你的下屬沒有按照休假計畫的規定辦事，要麼是這段時間已經安排給其他員工休假了。要是前一種情況，就應該讓下屬知道他沒有遵守規定。你應該這麼對他說：「很抱歉，我們打算在那個星期盤點存貨，一個人手也不能缺。你知道，正因為這樣我們才規定每年的一月安排休假計畫。」

有時，員工的請假要求與別人預先計畫好的休假有衝突。遇到這樣的情況，你要讓他明白，批假的原則是「先申請先安排」，所以無法批准他的請求。不過，可以准許他與已安排休假的那個員工自己協商調換休假日期。

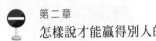

當員工要求加薪或升職的時候，尤其是那些特別盡職盡力的員工，要上司開口說「不行」實在是一件很為難的事。有時員工的職位、薪酬早該變動了，但預算緊縮，生意清淡，或其他因素使你無法對他們的勤奮予以獎勵，要說「不行」更是難上加難。這時，最好如實相告，說清楚為什麼不能提職或加薪。處理這類問題時，切忌做超出你職權的承諾。即便你說了你承諾的事要視將來情況而定，如等生意出現轉機，預算鬆動之後等，員工仍可能把它看成是正式的承諾。

當員工要求調到另一部門時，如果是一個可有可無的人請求調動，那就趕快批准，你還應該慶幸自己的運氣。但如果最得力的員工要求調動，而且是在大忙時節，或在一時找不到人頂替的時候，千萬不要斷然拒絕，因為那樣會使一個好員工消沉下去。你應該跟他坐下來談談為什麼要請調。你會發現促使他調動的原因可能與工作無關。可能是他與某位同事關係緊張，也可能是一些經由調整工作可以解決的問題，經由交談才會發現問題在哪裡。

如果談話毫無結果，沒有什麼能使他改變調動的想法，你只有拒絕。但要盡可能減少給他造成的消極影響，儘量給他一線希望。比如可以說：「現在不能調，過一、兩個月再看看有沒有機會。」這樣做不僅為你贏得了考慮其他可能性的時間，而且在這段時間裡，員工的想法也可能發生變化。不管怎樣，對員工的調動要求表現出關心，這有助於減輕拒絕對員工造成的傷害。

拒絕員工的某些要求，關鍵是怎麼說「不行」。因為如果員工感到你對他的困難漠不關心，他就很可能另謀高就。具體處理時要盡可能靈活，探討各種可能的辦法，這樣即便不得不否決他的請求，你為此所做的努力也有助於消除員工的怨恨。

能說會道

即時不得不拒絕或否定下屬，也不要一棍將其打死，而要留有餘地，讓其明白你是對事不對人。這樣一來，下屬也就不會對你懷有不滿和敵意了。

真會說話

告別溝通障礙的

全方位說話術

how to be a smooth talker

怎樣說才能讓別人喜歡你

第三章

第一節 話中點綴些「流行語」，增強你的吸引力

流行是不顯眼的人模仿引人注目者的行為。

——桑弗【義大利】

「流行語」就是那些在一定時間、一定範圍裡高頻率地運用於人們口頭交際中的鮮活新潮的詞句。它和著時代的脈搏，折射著生活的靈光，為人們的日常言談增添著魅力與色彩。

流行語並不一定是一個國家或民族的共同語、規範語，它有較強的地域特徵。例如，在香港，人把談戀愛稱為「拍拖」；廣東人逢人稱「阿哥」；南京人說事情好到極點為「蓋帽了」；北京人談吃喝用「撮」……有些流行語在傳播中擴大了範圍，如北京人把閒談聊天叫「侃」，現在其他不少地方也用開了「沒事我們一道侃侃去」。

大多流行語往往在一定的年齡、文化水準以及職業的人群中使用。比如在商業界，「看好」、「看漲」、「看跌」、「走俏」等詞語運用得很普遍；在演藝圈，「走

紅」、「領銜」、「性感」很流行。流行語多數是現有詞句的一種比喻、替代、延伸，例如，知識份子把從商稱為「下海」，把改行叫做「跳槽」，把撰寫文章搞創作戲稱為「爬格子」。

流行語具有較強較濃的時代色彩，沉澱著一定時期內的政治色彩、文化特點與生活氣息。比如，對別人稱自己的妻子，舊時代是「內人」、「太太」，現代則有「愛人」、「那口子」、「另一半」等說法。說一個人樣子好、氣質佳，以前是「眉清目秀」，後來是「健壯有朝氣」，現在是「瀟灑風流」、「有魅力」等。在日常談話、交往活動中，恰到好處地使用流行語可以起到多方面的作用。

流行語可豐富、更新自己的談話色調。一個人的談話色調既包括話題、語調、聲音的選擇，也包含詞句的篩選與錘鍊。現實生活中有些人與別人交談時老是一種腔調，老運用一些自己重複多遍、陳舊甏腳的詞句、口頭禪，毫無新鮮明朗的氣息，給人的感覺是沉悶的。

跟緊時代的步伐，注意吸收運用流行的詞句，可以使自己的談吐變得豐富多彩，永遠保持談話色調的生機、活力，使話語常講常新。

能說會道

其實，流行語不是哪位名人或語言學家創造發明出來的，我們每個人都可以留心於生活，留心於別人的言談，並借鑑、發揮，推陳出新，啟動靈感，隨口說出。平時不妨從各方面去搜集、學習。

第二節 對朋友勿濫用恭維的話

己所不欲，勿施於人。

——《論語》

假如你到一個朋友家去，你的朋友對你異常客氣，你每說一句話他只是「唯唯」而答，和你說話時他總是滿口客套，唯恐你不歡，唯恐得罪了你。在這種情況下，你一定覺得如芒刺背，坐立不安，直到離開他家，才覺得如釋重負。

這種情形你大概遇見過不少，但是你必須想一想，你是否也如此對待過來客呢？雖然是客氣，但這種客氣顯然是讓人受不了。「己所不欲，勿施於人」，請記住這句名言。

剛開始會客時的幾句客氣話倒沒什麼，若繼續說個不停就不太妥當了。談話的目的在於溝通雙方的感情，加深雙方的瞭解，而客氣話則恰恰是橫阻在雙方中間的牆，如果不把這牆拆掉，人們只能隔著牆做一些簡單的敷衍酬答而已。

大概朋友們初次會面都略談客套，而第二、第三次見面就開始免去了許多客套。

那些「閣下」、「府上」等名詞如果一直用下去，則真摯的友誼必然無法建立。

客氣話是表示你的恭敬和感激的，不是用來敷衍朋友的，所以要適可而止，多用就會流於迂腐、流於浮華、流於虛偽。有人替你做了一點小小的事情，比如說倒一杯茶，你說「謝謝」也就足夠了。要是在特殊的情況下，也最多說「對不起，這事情要麻煩你」就夠了，但是有些人卻要說「呵，謝謝你，真對不起，不該這點小事也麻煩你，真讓我過意不去，實在太感謝了……」等一大串客套話，你在旁邊看也是會感到不舒服的。

把平時對朋友太客氣的語言改成坦率的詞語，你一定能獲得更多的友誼。對平時你從未表示客氣的人們稍說一些客氣話，如家中的傭人、你的孩子、商店的店員、計程車司機等，你一定會收到意想不到的好處。

要避免過分的客氣。在朋友家中，如果你顯得隨便自然一些，主人也就不會過分地客氣了。而當你是主人的時候，你也可以運用這一方法。

缺乏真誠而刻板的客氣話，絕不會引起聽者的好感。「久仰大名，如雷貫耳」、「貴公司生意一定興隆發達」、「小弟才疏學淺，請閣下多多指教！」這些缺乏感情的，完全是公式化的恭維話，若從談話藝術的角度來看，是非改正不可的。

說話要實在不要虛假，這是說話所需具備的條件之一。與其空泛地說「久仰大名，如雷貫耳」，不如說「你的小說真是文筆流暢，情節動人，讓人愛不釋手」等話。倘若恭維別人生意興隆，不如讚美他推銷產品的能力，或讚美他的經營方針。請人「指教一切」是不可能的，你應該針對其長處，集中於某一、兩個問題請他指教，這樣他一定高興得多。

說恭維或讚美的話一定要切合實際，到別人家裡與其亂捧一場不如讚美房間佈置得別出心裁，或欣賞牆上的一幅好畫，或驚歎一個盆景的精巧。如果主人愛狗，你應該讚美他養的狗；如主人養了許多金魚，你應該欣賞那些金魚。

讚美別人的工作成績、最心愛的寵物、最費心血的設計，比說上許多無謂空泛的客氣話要好得多。

能說會道

說客氣話的時候要充滿真誠，像背熟了的唐詩般洩出來的客氣話最易使人討厭。說話時態度更要溫和，不可顯出急忙緊張的樣子。此外，說客氣話時要保持身體的平衡，過度的打躬作揖、搖頭彎身並不是一種雅觀的動作。

第三節 適當告訴別人自己的缺點，增進彼此親密度

掩飾一個缺點，結果會暴露另一個缺點。

——伊索寓言

研究交際心理學的人士指出，讓人家看到自己的缺點或弱點，人家才會覺得你真實可信，不存虛假，因而產生親近感；反之，完全把自己「藏起來」，就會使人感覺造作、虛偽、有壓力。

小敏是同宿舍中最擅長交際的一個，並且人也長得漂亮。但是，同宿舍甚至同班的其他女孩都找到了自己的男朋友，唯獨漂亮、擅長交際的小敏仍是獨自一人。

為什麼呢？她身邊的同學都表示，她太神祕，別人很難瞭解她。和她有過接觸的男同學也說，剛開始和她交往時，感覺她是個活潑開朗的女孩，但時間一長，就會發現她很自私。原來，小敏一直對自己的私生活諱莫如深，也從不和別人談論自己，每當別人問起時，她就把話題岔開，怪不得同學們都覺得她神祕呢！

生活中有一些人是相當封閉的，當對方向他們說出心事時，他們卻總是對自己

的事情閉口不談。但這種人不一定都是內向的人，有的人話雖然不少，但是從不觸及自己的私生活，不談自己內心的感受。

有些人社交能力很強，他們可以饒有興趣地與你談論國際時事、體育新聞、家長里短，可是從來不會表明自己的態度。而一旦你將話題引入略帶私密性的問題時，他就會插科打諢，轉移話題。可見，一個健談的人，也可能對自身的敏感問題有相當強的抵觸心理。相反的，有一些人雖不善言辭，卻希望能向對方袒露心聲，反而能很快和別人拉近距離。

人之相識，貴在相知；人之相知，貴在知心。要想與別人成為知心朋友，就必須表露自己的真實感情和真實想法，向別人講心裡話，坦率地表白自己、陳述自己、推銷自己，這就是自我表白。

當自己處於明處，對方處於暗處，你一定不會感到舒服。自己表露情感，對方卻諱莫如深，不和你交心，你一定不會對他產生親切感和信賴感。當一個人向你表白內心深處的感受，你可以感到對方信任你，想和你達到情感的溝通，這就會一下子拉近你們的距離。

在生活中，有的人知心朋友比較多，雖然他（她）看起來不是很擅長社交。如果你仔細觀察，會發現這樣的人一般都有一個特點，就是為人真誠，渴望情感溝通。

他們說的話也許不多，但都是真誠的。他們有困難的時候，總會有人來幫助，而且很慷慨。

而有的人，雖然很擅長社交，甚至在交際場合中如魚得水，但是卻少有知心朋友。因為他們習慣於說場面話，做表面工夫，交朋友又多又快，感情卻都不是很深。因為他們雖然說很多話，卻很少暴露自己的真實感情。

小魚是某大學的研究生，剛入學不久，她就把同班同學給嚇到了。一天早上上課，坐在前排的她轉過身和一位同學借筆記，還回來時筆記裡竟然夾了一張男生的照片，於是小魚打開了話匣子，跟後面的同學聊了起來，說那是她在火車上認識的新男友，正熱戀。她從她和男友在哪兒租了房子、昨天買了什麼菜、誰做的晚飯，說到她如何如何幸福，甚至說到二人世界裡親密的小細節……這樣的事情有很多，而且她經常不分時間、場合隨便就跟別人講自己的一些私事。到後來，同學們一見到她就躲開了，因為實在受不了她。

在交際過程中，自我表白要有個限度，因為過度表白反而會惹人厭。在人際交往中，自我表白應注意以下兩個問題：

一是應遵循對等原則，即當一個人的自我表白與對方相當時，才能使對方產生好感。比對方表白得多，則給對方以很大的威脅和壓力，對方會採取避而遠之的防衛態度；比對方表白得少，又顯得缺乏交流的誠意，交不到知心朋友。

二是應循序漸進。自我表白必須緩慢到相當溫和的程度，緩慢到足以使雙方都不感到驚訝的速度。如果過早地涉及太多的個人親密關係，反而會引起對方的憂慮和不信任感，認為你不穩重、不敢託付，因而拉大了雙方之間的心理距離。

能說會道

實際上，人和人在情感上總會有相通之處。如果你願意向對方適度袒露，總會發現相互的共同之處，從而和對方建立某種感情的聯繫。向可以信任的人吐露祕密，有時會一下子贏得對方的心，贏得一生的友誼。

第四節 多說甜言蜜語，拴住對方的心

在甜言蜜語中間，假話聽起來像真話，真話實際上就是假話。

——萊辛【德國】

沐浴在愛河中的人們，其字典裡是沒有老套的字眼的。有的，往往是那些能增進感情的「甜蜜蜜」。在這個時候，任何海誓山盟，「愛你愛到入骨」之類的話絕對應該說，不必怕肉麻，除非你並不愛他。

與他久別重逢的時候你可以說：「好像在做夢，多麼希望永遠不要醒。」你以充滿愛的眼神望著他：「總是惦念著你！別的事我一概不想……我的感覺，好像一直跟你在一起。」這是「無法忘懷，時常憶起」的心境，只要談過戀愛的男女，一定有此經驗的。除了他以外，任何事都不放在眼中，總是想念著他。上面那句話不用怕羞，可以反覆使用。相愛之初，熱烈的甜言蜜語絕對不會使人感到厭煩，也許還認為不夠呢！

「你喜歡我嗎？」你不妨大膽地問他。

「喜歡到什麼程度」或用這樣的語氣追問。

「你發誓要永遠愛我！」你甚至可以單刀直入地這樣對他撒嬌說。

「世界是為我們而存在，對不對？」

「我愛你，我可以拋棄一切！你也是這樣嗎？」

還有許多甜蜜的愛語。有很多女性使用如此甜蜜的詞句接二連三地向男性表示「永遠不變的純真愛情」，女性便會沉浸在自我陶醉之中，而男性的反應也會是積極的。但如果他流利地說：「我發誓，我永遠愛你一人。縱使海枯石爛，愛情也永不變！」一定表示他並不重視你，因為他對任何女性都這麼說。

普通男性會說：「又來了！」感到畏縮與失望，口中哼哼唧唧無法明確回答，心中還想著其他的事，譬如汽車需分期付款……

「對永恆不變的愛無法負責。」事實上，這才是男士的真心話。

當然，在愛情上「我愛你」的言辭用得過多，未免有庸俗之感，倘若你換用「我需要你！」就顯得有實際的感覺。「需要」與「愛」所表現的感受，對男性而言，似乎前者勝於後者。

另外，不同的場合，戀人們的甜言蜜語也是不同的。

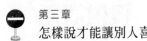

1.大庭廣眾之下的甜言蜜語

一提起甜言蜜語，很多人都會將它同隱私相聯繫，總是感覺只有兩人獨處，耳鬢廝磨時才會有甜言蜜語。其實不然，甜言蜜語，不僅僅包括「我愛你」、「我想你」之類的柔情話語，同時也包括那些只有兩個人才懂得的「私人用語」。情侶之間的甜蜜稱呼，如彼此互相起的綽號等，就屬於這類「私人用語」。其中意味只有你們兩個知道，外人無從知覺，即使在大庭廣眾之下說出來也無傷大雅，還會增進感情。

2.久別重逢的戀人間的甜言蜜語

俗話說，小別勝新婚。熱戀中的情侶還沒有走入婚姻的殿堂，這時候的感情往往十分單純、火熱。經歷了小小的分別，再度重逢，所有的關懷和問候，都化成了甜言蜜語。這時候，怎樣直白的表述也不為過。你可以說：「你真的回來了，我不是在做夢吧？如果是做夢，我寧願永遠也不醒過來。」你也可以擁著你的愛人對她說：「跟你在一起的感覺真好，我們再也不分開了。」這種久別重逢的感覺，恐怕是只有經歷過的人才能體會得到，在此時使用任何甜言蜜語都不用怕羞。

3.分處兩地的戀人間的甜言蜜語

老天有時候似乎總是給相戀的人一些考驗，以此來驗證一下他們的感情是否牢固，將一對熱戀中的情侶分置兩地就是它常用的一種方法。一對熱戀中的情侶，本來就是「一日不見，如隔三秋」，現在偏要將他們分開（分開的原因有很多：工作調動、出差、求學等等），確實是件痛苦的事情。這時候雙方都需要來自對方的關懷和撫慰。甜言蜜語的「電話粥」肯定是不能少「煲」了。不過，身處兩地，思念之情溢於言表，這是人之常情，也是情感的真實流露，絲毫不會給人以做作、肉麻之感，相反還很令人感動，這時候的甜言蜜語已經成了雙方的肺腑之言。

愛情是甜蜜的，甜蜜的愛情是需要用甜言蜜語表達出來的。例如，女孩子都喜歡嘴巴甜的男孩子，就是因為她們喜歡聽這些男孩子的甜言蜜語。所以，兩人在一起的時候，要多說一些甜言蜜語，這樣就能夠用甜言蜜語表達拴住對方的心。

能說會道

如果你希望另一半對你死心塌地，無論你是男性還是女性，都不要吝惜你的甜言蜜語，它們會使你的愛情之路更為平坦、順暢。

第五節 把握鬥嘴的分寸，讓對方更喜歡你

在語言交際中要善於找到一種分寸，使之既直爽又不失禮。
——培根【英國】

有過玩碰碰車的人都知道，這其中的樂趣全在於東碰西撞、你攻我守，這種遊戲的新鮮與刺激絕非四平八穩的行車能比的。在許多青年戀人中，有一種十分獨特、有趣的語言遊戲，很像這種碰碰車遊戲，那就是「鬥嘴」。

戀人之間的鬥嘴具有哪些特點呢？

1. 目的模糊

戀人間鬥嘴一般並不是要解決什麼實質性的問題，做出什麼重要的決定，而僅僅是借助語言上的碰撞來激發心靈的碰撞，進而達到兩顆心的相知與相通。因而戀人們常為一句無關緊要的話，一件微不足道的事「鬥」得不可開交，局外人很難領會到其中的奧妙與樂趣。

2. 形式的尖銳潑辣

戀人間的鬥嘴從形式上看和吵嘴很相似。你奚落我，我挖苦你，毫不相讓，「錙銖必較」。但與吵嘴不同的是：「鬥嘴」時雙方都是以輕鬆、歡快的態度說出那些尖刻的言辭，有了這層感情的保護膜，「鬥嘴」就成了一種只有刺激、愉悅卻無危險性的「軟摩擦」，成了表現親密與嬌嗔的最好方式。

正因為鬥嘴具有形式上尖銳而實質上柔和的特點，它就比直抒胸臆式的甜言蜜語有了更大的展示情侶間真實感情與豐富個性的空間。不過，鬥嘴既然是一種遊戲，就有它的規則。千萬不可因為刻意追求效果，而不顧一切。

1. 要顧及對方的心境

鬥嘴雖然是唇槍舌劍的交鋒，但也需要有一個輕鬆的環境，才能享受它的快樂，因此鬥嘴時要特別注意戀人當時的心境。

大家都有這樣的體驗，心情愉快時可以隨便耍嘴皮子、開玩笑。可是如果你的戀人正在為工作調動沒有結果而一籌莫展時，你卻來一句：「你怎麼啦？滿臉大便，像誰欠你八百萬似的。」就容易引發真正的衝突。

2. 要把握好感情的深淺

談話有一個整體原則。「淺交不可深言」這話同樣適用於戀愛中。如果雙方還處在相互試探、感情朦朧的階段，最好不要選擇「鬥嘴」的方式來增加瞭解。因為畢竟你對對方的個性還不是很瞭解，容易產生不必要的誤會，而且很容易將鬥嘴演化成辯論，那更是大可不必了。

要想以鬥嘴來加深瞭解，可以選擇一些不涉及雙方感情或政治色彩的一般話題，如爭一爭是住在大城市好還是隱居山林好，鬥一鬥是「左撇子」聰明還是「右撇子」聰明等等，這樣雙方可以不受拘束，「安全係數」也大。

3. 不要傷及對方的自尊

戀人間鬥嘴，最愛用戲謔的話語來揶揄對方，往往免不了誇張與醜化。但是這種誇張與醜化，也要顧及到對方的自尊，不要涉及對方很在乎的生理缺陷或挖苦對方很敬重的人，更不可攻擊對方的父母或偶像，也不要挖苦對方自以為神聖的人和事，否則就有可能自討沒趣，弄得不歡而散。

此外，現在的年經人心目中都有自己的偶像，這偶像的地位可是很高的，你千萬不要在鬥嘴時攻擊他的偶像，否則你會很慘的。

能說會道

沐浴愛河的許多年輕男女都喜歡進行這種語言遊戲，在這種輕鬆浪漫的遊戲中，加深彼此的瞭解，增進相互的感情，同時也調劑愛情生活，使戀愛季節更加多姿多彩。

第六節 他人失意時，不要談你的得意

對一個有優越才能的人來說，懂得平等待人，是最偉大、最真正的品質。

——斯蒂爾【英國】

人畢竟是人，是人都有人性。生活也畢竟是生活，是生活都有波折。所以，人活著難免有得意和失意之時，但是，面對失意的人，你千萬別說自己的得意事，更不要在因為失落而情緒低迷的人面前顯示你的優越。

一個懂得做人的人，都知道當自己的人生處於得意之時，千萬別將得意之色在那些此時正處於人生低谷的人面前顯露。這樣你才不會傷人，也不會被傷。反之當把自己的深意展現無餘時，就會招來別人的怨恨。為什麼？因為你拿自己的成功，對比了他的失敗，最起碼，他會認為他輸給了你。

所以當別人夫妻失和，跟你訴苦。你與其大發宏論，教他夫妻相處之道，不如說：「其實，家家如此，你看我和我的另一半，現在好像很恩愛，但以前我們也常

吵架，甚至曾想過要離婚呢！」這樣，她就會在心中想，她比你當年還要強很多，以後應該至少會跟你一樣好。

別人事業失敗，向你抱怨。與其以成功者的姿態來指導事業通暢之道，不如告訴他，你當年跌得比他更慘，現在的輝煌是一點一點又做起來的。

這樣，他也會想，他也能東山再起，和你一樣成功。大家的婚姻都曾失和，大家的事業都曾失利，你和他不是因此而有了共同意識，在感覺上走得更近了嗎？

人生在世，難免有婚姻失和，事業失利的時候，所以在他人遇到生活的低谷時，你千萬不要將自己的成就擺出來炫耀。不要太過張揚，否則，你最終會在交往中使自己孤立無援，甚至引起別人的厭煩，漸漸與你疏遠。所以學會談對自己得意，善待他人失意才是你真正要學會的心理詭計。

我們來分析一下其中的原因，這是因為失意的人最脆弱，也最敏感。你的談論在他聽來都充滿了諷刺與嘲諷的味道，讓失意的人感受到你「看不起」他。當然有些人不在乎，你說你的，他聽他的，但這麼豪邁的人不太多。因此你所談論的得意，對大部分失意的人是一種傷害，這種滋味也只有嘗過的人才知道。

一般來說，失意的人較少攻擊性，鬱鬱寡歡是最普通的心態，但別以為他們只是如此。聽你談論了你的得意後，他們可能會有產生一種心理——懷恨。這是一種轉移到心底深處對你不滿的反擊，你說得口沫橫飛，不知不覺已在失意者心中埋下一顆炸彈，多划不來。

失意者對你的懷恨不會立即顯現出來，因為他無力顯現，但他會透過各種方式來洩恨，例如說你壞話、扯你後腿、故意與你為敵，主要目的則是——看你得意到幾時。而最明顯的則是疏遠你，避免和你碰面，以免再見到你。於是你不知不覺就失去了一個朋友。

能說會道

隨意自誇是不善做人者的通病，為此常會敗事。只有改變這一點，不被人討厭，才有可能真正被人接納，找到成事的「切入點」。

第七節 一見鍾情，搭訕的話如何開口

一見鍾情自古有之，無需解釋。

——馬里帝茲【美國】

對陌生的她（他）一見傾心時，很多人都會覺得欣喜，但同時也會感到緊張，以至於不知道如何開口說話了。

怎麼跟陌生的她（他）搭訕，才不會讓對方覺得你唐突或無聊呢？或者說，怎麼搭訕對方才會對你心生好感，並願意繼續和你交流呢？其實很簡單，首先你可以試著觀察對方的優點，然後以此為切入點，對對方進行誇獎。

人有喜歡被讚揚的天性，女人尤其如此。恰到好處的讚揚，往往能打開你和她交談的大門。如果對一個女孩一見鍾情，你不妨先細心觀察她，發現她的優點，再讚揚她。當然，你的稱讚不可太言過其實，否則會給她留下油嘴滑舌的印象。

其次，你可以尋找雙方的特點，然後從彼此間的共性談起。

維任和佩瑜在某個培訓班上相識，在一次課堂討論上，維任被佩瑜優雅的氣質和聰穎的觀點深深吸引住了。

下課後，維任走到佩瑜桌子旁，說：「妳好，剛才妳的演說非常精彩。我很贊成妳其中的……」

佩瑜饒有興趣地和維任討論了一會兒，這時，維任突然問道：「妳是哪裡人？」

「台南人。」

「是嗎！太巧了，我也是台南人。妳住哪一區……」

於是，雙方的共性找著了，維任就從學校生活開始回憶起，和佩瑜愉快地交談起來了。

「物以類聚，人以群分」，每個人的社交圈，實際上都是以自己為圓心，以共同點（血緣、年齡、愛好、工作、知識層次等）為半徑構成無數的同心圓。共同點越多，圓與圓之間交叉的面積就越大，共同語言也越多，也最容易引起對方的共鳴。面對初次見面就動心的她（他），你當然希望你們之間能有盡可能多的交談，這時如果能找到你和她（他）的共同點，自然就能找到共同的話題。

總之，只要你用心觀察和尋找，一定可以找到搭訕的話，剩下的就是鼓足勇氣，自己地說出得體的話來，這樣一來，相信對方是很難不被你打動的。

能說會道

一見鍾情，實在是個太浪漫的字眼了，每個人都希望自己能有這樣的愛情邂逅。但並不是所有的一見鍾情都能修成正果，只能說有這個感覺後，還需要很長時間的相處去瞭解對方，如果相處之後發掘雙方在一起存在著很多問題，那麼起初的一見鍾情也許只是一種錯覺。

第八節 成功自我介紹，讓面試官眼前一亮

和藹可親的態度是永遠的介紹信。
——培根【英國】

面試中，進行自我介紹必須講究技巧。人人都以為自己最瞭解自己，介紹自己是一件容易的事情，其實不然。說人易，說己難，尤其是在面試中，介紹自己是這個過程中最難的話題。

實踐證明，求職面試時，你要想做好自我介紹這個關鍵的開場白，需要做到以下幾點：

1. 彬彬有禮

在做介紹前，要先對主試官打個招呼，道聲謝，如：「經理，您好，謝謝您給我這麼好的機會，現在，我向您做個簡單的自我介紹。」介紹完畢後，要注意向主試官道謝，並向在場面試人員表示謝意。

2.主題明確

在做自我介紹時，最忌漫無中心，讓人聽了不知所云。通常宜簡不宜繁，一般包括這些基本要素：姓名、年齡、籍貫、學歷、學業情況、性格、特長、愛好、工作能力和工作經驗等等，對於這些不同的要素該詳述還是略說，應按招聘方的要求來組織介紹資料，圍繞中心說話。假如招聘單位對應聘人的工作能力和工作經驗很重視，那麼，求職者就得從自己的工作能力及工作經驗出發做詳細的敘述，而且整個介紹都是以這個重點為中心。

3.好戲放在後頭演

當你取得了不起的業績時，或者你有足夠的資歷經驗能勝任這項工作時，不要在「自我介紹」中和盤托出、暴露無遺，要給自己留一手，一開始就說出「偉大業績」會給人自吹自擂的感覺，引起人反感，留在後面說，會給人以謙虛誠實的印象，使面試官對你格外地刮目相看。

4.將事實講合適

在自我介紹中，要儘量避免對自己做過多的誇張，一般不宜用「很」、「第一」、「最」等表示極端的詞來讚美自己。在面試場上，有些人為了讓面試官對他留下深刻的印象，往往喜歡對自己進行過多的誇張，如「我是很懂業務的」，「我是年級成績最好的一個」，喜歡帶著優越的語氣說話，不斷地表現自己。其實，如果對自己做過多的誇耀，反而會引起面試官的反感。

談論自己的話題，應盡可能避免一些誇大的形容詞，把話講得客觀真實，儘量用實際的事例去證明你所說的，最好用真實的事例來顯露你的才華給面試官。

5.充滿自信

談自己、推銷自己本來是可以談得很好的話題，但是許多人卻在推銷自己上缺乏勇氣，這或許是怕引起別人反感的緣故。而在平時生活中也常常聽他們說：「我有什麼好說的。你們天天不都看見了嗎？」這就使他們養成從不自我評價、自我展示的習慣，可是到了要談論自己時，免不了有些難以啟齒。

如果對求職有什麼要求，也可以專門介紹。為了使錄用單位更全面地瞭解自己，將自己的基本情況整理好，介紹出來，是一項重要的、必不可少的工作。而且，自我介紹時一定要注意以下幾點：只講正面的事；用證據來支持你的陳述；陳述的內容要集中在工作所需的資歷之上；簡明清晰不要超過三分鐘；說完之後，可問對方是否還想知道得更多一些。讓對方瞭解你的優點，進而增加錄取機會。

此外，在面試時，有時稍稍抬高自己也是必要的。面談者當然知道你不會「自道己短」，但別扯得太遠，「吹噓自己」時只要談談有關工作方面的內容即可，而且千萬要記住用具體例子來做支持。比如，你說「我和其他工作人員關係很好」時，還應舉一些「我總是和工作夥伴和屬下有著相當融洽的關係，而且也跟從前每一位上司都成為好朋友。」等具體事例來加以陳述。

能說會道

自我介紹之時，不管你措辭多麼恰當，內容多麼豐富，語氣一定要自信，說話的速度不要太快，口齒一定要清晰。別讓面試官感到你的聲音疲乏、膽怯。聲音具有很強的感染力，一旦你的聲音中注入了活力和自信，對面試官的感染將是非常強烈的。如果你有優美的嗓音，一定要好好利用，那是你最有利的武器。

真會說話

告別溝通障礙的全方位說話術

how to be a smooth talker

怎樣說才能得到他人的原諒

第四章

第一節 道歉時把誠懇表達出來

信任的基礎是一種誠懇互認的關係。
——愛因斯坦【美國】

道歉，有時只不過是「對不起」簡簡單單三個字，然而有時它是一種心靈的外在表現。一位學者在美國曾遇到過這麼一件事。

有一天，她埋頭趕路，一邊走一邊考慮問題，因為有點兒失神，沒注意馬路上走來一位男士，一時收不住腳步，一腳踩在男士的鞋上。當然，她脫口而出說了聲：「我很抱歉！」但令她十分奇怪的是在她道歉的同時，那位男士也說了一聲：「我也很抱歉！」

這位女士好奇地問：「我踩到了您，您為什麼要向我道歉呢？」那位男士十分真誠地說：「夫人，我想，是因為我擋到了您的路您才踩到我腳上的，所以是我妨礙了您，我應該向您道歉！」

從這番話裡我們可以看出，勇於道歉的人常常是善於體諒別人、善於設身處地為他人著想的人。

道歉並非恥辱，而是真摯和誠懇的表現。偉人有時也道歉。邱吉爾起初對杜魯門的印象很壞，但後來他告訴杜魯門說以前低估了他——這句話是以讚譽方式做出的道歉。有的人雖然道歉了，但總想為自己的過失尋找藉口，以保住自己的面子。這樣做，只能讓人覺得你沒有誠意。沒有誠意的道歉是不會獲得他人諒解的。

我們在與人交往之時，會不可避免地說錯話，做錯事，為此得罪人也就在所難免。嚴重時，甚至給別人造成沉重的精神痛苦和巨大的經濟損失。對此，我們需要及時認識到自己的錯誤，誠懇道歉，並主動承擔責任，一般情況下，這總能得到別人的原諒。

真心實意地認錯、道歉，不必找客觀原因做過多的辯解。即使確有非解釋不可的客觀原因，也最好在誠懇道歉之後略為解釋，而不宜一開口就辯解不休。這樣只會擴大雙方感情的裂痕，加深彼此的隔閡。

誠心誠意的道歉，應該語氣溫和、坦誠直率、堂堂正正，不必躲躲閃閃、羞羞答答，更不要誇大其詞、奴顏婢膝，一味往自己臉上抹黑。那樣，別人不僅不會接受你的道歉，甚至還會覺得你很虛偽。

有時，沒有錯也需要道歉。例如，由於客觀原因：變幻無常的天氣情況、出乎意料的交通事故，等等，你沒有準時赴約或耽誤了時機，造成了對方的許多麻煩和損失，為什麼不道歉呢？如果一味找客觀原因，雖然對方表面上不會責怪，但內心還是會有所抱怨。

如果你有求於人，對方盡了最大的努力，但由於受多方面條件的限制，事未辦成，而他為此付出了艱辛的勞動；或事辦成了，但對方因此遇到了超乎想像的麻煩。這時為什麼不能表示自己發自肺腑的謝意和歉意呢？這體現了對他人勞動的尊重，而且以後有求於他時，也好再開口。總而言之，道歉時一定要誠懇。

能說會道 一

道歉除了要誠懇外，還必須及時。即使不能馬上道歉，也要日後找準時機表示歉意。

第二節 怎樣借他人之口傳達歉意

要替別人尋找藉口，但千萬不要替自己找藉口。

——愛迪生【美國】

當你所犯過錯很嚴重、對方對你成見很深時，直接當面道歉肯定會被對方劈頭蓋臉地訓斥一通。在這個時候，對方只會發洩情緒，而難以接受道歉，所以你最好先借助第三者來轉達自己的歉意，讓對方先消消氣，然後等對方心情稍稍平靜之後，再親自上門道歉。

一次，蘇東坡去拜訪王安石，恰逢王安石不在家，但見其書桌硯臺底下壓著一首未寫完的詩：「昨夜西風過園林，吹落黃花滿地金。」蘇東坡想：菊花有傲霜之骨，花瓣怎麼會四處飄落？王公真是「江郎才盡」鑄成大錯啊！於是，蘇軾揮筆續詩：「秋花不比春花落，說與詩人仔細吟。」然後拂袖而去。

過了些時候，蘇東坡去後花園賞菊，正值刮了幾天大風，園中十幾株菊花枝上，一朵花也沒有，只見落英繽紛，滿地鋪金。蘇東坡一時瞠目結舌，想起那兩句續詩，羞紅了耳根，想親自向王安石道歉，又擔心解釋不清，自討沒趣。後來他終於想出了一個辦法，他邀請王安石最親密的詩友王今來家做客。然後向他說了那天亂改詩句的事情，隨後感歎：

「我迄今對王安石深感慚愧內疚，這事給我的教訓太大了，凡事不可自恃聰明，隨便譏笑別人啊！」

後來，王今將蘇軾的歉意轉告了王安石。王安石知其良苦用心，便消除了與蘇軾的隔閡。

在這個例子中，蘇軾屬於不便親自登門道歉的情形。一是，自古以來都是文人相輕，何況蘇軾無端貶斥；二是，兩人在政見上分歧很大，王安石推行新法，蘇軾阻撓。如果蘇軾親自登門，囉唆解釋一番，或痛罵自己一頓，王安石恐怕會火上澆油，或視之為虛情假意，難以收到預期的效果。蘇軾於是巧借第三者之口，轉告自己的歉意，使王安石更容易接受。

現實生活中，也不乏這樣的情況，有些人明知自己錯了，也想向對方表達歉意，然而由於自尊心太強，面子太薄，當面道歉難為情，或者雙方因為其他的原因不便親自對話，這時，就可以考慮巧妙地借用「媒介」，讓中間人為自己傳達歉意，或許還能收到當面道歉所收不到的好效果。

能說會道

借他人之口傳達歉意的技巧，使用起來有兩個關鍵需要注意：一是選擇合適的第三者，最好是對方的好朋友；二是你與第三者的交談一定要恰到好處地表達歉意，並且讓第三者明白你的良苦用心，只有這樣，第三者才會準確而又盡力地替你轉達歉意。

第三節 怎樣向異性道歉才能獲得原諒

聽他說話，再觀察他的眼神，就不會看錯了人。只有在真誠中才找得出真知。

——歌德【德國】

如果你在生活或工作中有意或無意傷害了周圍的異性，這時，你應該主動地向對方道歉，不要以為對方是異性而放不下面子。要知道，只有真誠、及時的歉意才能使對方改變對你的看法，諒解你的錯誤行為。在向異性道歉時，還要掌握適當的方式方法，以下幾點要格外注意。

1.真誠，不可敷衍了事

精誠所至，金石為開。只要你真心實意地向對方表示歉意，一般說來，對方是會原諒你的。道歉時切忌敷衍了事，那只會加深對方對你的反感。當你說「對不起」時，不要低頭望著地面，要把頭抬起來，看著對方的眼睛，一定要讓對方看到你真誠的歉意，進而原諒你的過失。

2.直截了當，不推三阻四

向異性道歉時，一定要注意不為自己找藉口。強調客觀原因，這只會沖淡你的誠意，對你的這種態度，即使對方表面上原諒你，但一定仍會心存芥蒂。無論你應該負全部或部分責任，都沒關係，只要你心甘情願地擔負起責任，就會被對方看做是寬宏大度的人，就能使對方真心地原諒你。

3.不要一再道歉

向異性道歉，要大方，不要忸忸怩怩，一再向對方表示歉意。如果你是男性，更應注意這些方面，否則，對方會對你囉唆的行為厭煩，認為你不像一個真正的男子漢。

4.不要怕碰釘子

一般的人，在異性面前都特別愛惜自己的面子，深恐對方讓自己下不了臺而不敢去向對方道歉。但其實，對方未必像你想像的那樣不通情理。退一步來說，即使對方在你面前「發洩」一下，因為你做了對不起他的事，也是可以理解的啊！而且讓他發洩出來，總比埋在心裡好得多吧！

5.適當賠償

你做了有損於對方的事，就應該對人家有所補償。當然，弄壞了別人的東西賠償是不用說的了，但你使對方蒙受其他方面的損失呢？比如人格、形象等方面的傷害，是不是也可以考慮在一個適當的場合予以挽回，來作為你真誠歉意的表達呢？

6.抓住時機

當你知道自己錯了的時候，就應立即向對方道歉，表明你對對方是否原諒你很在意，給對方一種心理上的滿足。當然，道歉並不是說要不分場合、地點，一味求快。道歉時要注意選擇對方最能接受的心理狀態和周圍環境。

7.把道歉作為一種美德

道歉絕對不是一件丟臉的事，你做錯了事，向人家道歉，這是誠實和成熟的表現，是一種可貴的美德，特別是主動向女性道歉，展現了你對女性的尊重，還會博得對方的好感。

能說會道

現實生活中，向異性道歉的方法多種多樣，要根據具體的情況選擇適當的方式方法，才能取得對方的諒解。

第四節 怎樣向朋友道歉才能不影響友誼

真正的友誼是不帶一點私心的。

——王爾德【英國】

人非聖賢，孰能無過？但是有的人卻認為承認錯誤是暴露了自己的缺點和錯誤，尤其在朋友面前，是一件有失身分的事情，所以即使犯了錯也不肯承認，遮遮掩掩，甚至在朋友當面指出的時候都不肯承認，也就更不要說道歉了。

然而，你要清楚：與其等朋友提出批評、指責，還不如主動認錯、道歉，這樣更易於獲得諒解、寬恕。凡是堅信自己一貫正確，發生爭端總是武斷地指責對方，不知道怎麼說抱歉的人，根本交不到朋友，或易交難處，永遠缺乏知心朋友。

道歉並非示弱。一個人要承認自己的錯誤是需要勇氣的。人際關係是生活中最難處理的事情，人都免不了有出錯的時候。一旦錯了，就得道歉，只有如此才能避免更大的損失。

有些人明知道是自己的不對，可是礙於所謂的身分或者面子，不肯主動認錯，覺得認錯是沒面子的事情，所以衝突也就無法解決。其實一個人能主動承認錯誤，就是一種勇氣，更是一種能說會道的策略。這不僅有助於解決相關的矛盾，也能取得一定的滿足感。

說「對不起」的時候，眼睛一定要直視對方，只有這樣才能傳遞出你的心意。如果一邊做事一邊道歉，或者用迴避的方式，都表現不出你的誠意，無法讓對方感覺到你的歉意。沒有辯解的道歉才能讓對方感覺你的心意，而達到道歉的目的。

小雯借朋友的小禮服來穿，卻不小心疏忽把衣服刮破了，小雯覺得很抱歉，就在還衣服的時候，很誠懇地對朋友說：「對不起，我不小心弄破了妳的禮服，這是一個裁縫師的電話，我已經聯絡過他了，他說可以補得完全看不出來有破損一樣。」

這種正面的直接道歉是最好，也是最佳的方式。假如小雯在還衣服的時候只是說：「衣服破了，我賠錢給妳好了。」對方肯定會婉言謝絕，但心裡絕對會不舒服，覺得小雯的「道歉」只是形式上的，不夠真誠，兩人之間自然也就有了隔閡。

小偉在朋友的生日宴會上喝多了，將女主人最喜歡的一個花瓶失手打碎了，以小偉的經濟實力賠不起這個花瓶。

但為了表示自己的歉意，小偉挑選了一張精緻的賀卡，寫上自己的歉意：我知道我的行為給你們造成了困擾，也知道自己的行為是無法原諒的，請相信我絕對不是故意的。如果當時我沒有喝醉，也就不會發生那種事情了，所以請接受我最真摯的歉意。

小偉將卡片親手交到朋友手裡，並帶了一瓶朋友最喜歡的酒，不是為了表示賠償那個花瓶，而是為了表示真誠的歉意。

小偉的這種道歉方式很藝術，你也可以不直接說出「對不起」，而是像小偉這樣用一張卡片或一份小禮物等，都可以表示歉意。最重要的是不要迴避，一開始就要先承認自己的錯誤，而且道歉一定要有誠意。

真心實意地認錯、道歉，不要強調客觀原因、做過多的辯解。就是確有非解釋不可的客觀原因，也必須在誠懇地道歉之後再略為解釋。一開口就辯解不休絕對不是一種聰明的說話方式，因為你對自己的錯誤實際上是抱著抽象否定、具體肯定的態度。這種道歉，不但不利於彌合雙方感情上的裂痕，反而會擴大裂痕、加深隔閡。

能說會道 一

向朋友道歉，並不是有失身分的事，觀念上要扭轉。道歉要真心誠意。道歉要及時，不要拖拖拉拉。不宜開口就辯解不休，只需略為解釋即可。

第五節 妙用暗示拒絕求愛者，委婉不傷人

女人拒絕異性的追求，是先天性的特權，即使拒絕了一個最熱烈愛情，也不會被認為殘酷。

——茨威格【奧地利】

每個人都有愛與被愛的權利，如果對方請人轉告或是暗示，希望與你建立戀愛關係，而你的心裡對此人並不滿意，那就當然要拒絕他。

但是，辭愛的語言要恰當、委婉，既要把自己的意思表達清楚，讓對方沒有心存幻想的餘地，又不要太不近人情。沒有愛情但友情還在，對不對？

尤其是對身邊的同事或同學，辭掉對方的求愛更應該注意。如若你當時不加考慮生硬地說「不」，或許若干年以後，你會後悔當初辭掉的除了愛情還有你並不應該辭去的友情。

有位漂亮的女孩突然接到一封情書，一看，是公司裡很不出色的小鄧寫的，「癩蛤蟆想吃天鵝肉」，一氣之下她把情書貼到公布欄。你可以想出後果怎樣。曾被羞

得無地自容的小鄧四年後終於找到稱心的伴侶，而漂亮女孩還是孤零零一個人，原來追求她的人都被嚇跑了。所以，假如求愛者與你條件相差較遠，更要注意上面提到的事項，不然對人對己都不利。拒絕他人的求愛應當委婉。

某醫院的護士小彤長得可愛又機靈，大家都很喜歡她。這天下班，同科室剛從醫學院分配來的鄭醫師對她說：「小彤，一同去吃飯好嗎？我想跟妳說一件很重要的事。」

小彤一聽，心裡便明白了「重要」的含義。於是她笑著說：「好哇！我正好想找你幫個忙。」

鄭醫師一聽高興極了，放鬆了心情說：「好的，只要是幫妳的忙，我一定兩肋插刀。」

小彤又笑了：「沒那麼嚴重啦。只不過是我男朋友臉上長了幾個痘痘，我想問你用什麼藥擦會比較好？」

對於這樣的推辭方法，通常情況下都很有效。

因為誰都明白「強摘的瓜不甜」這個道理。再說，這樣辭愛大家都不傷面子，「愛」字與「不」字都沒有從口裡說出，只不過心照不宣罷了，日後見面，彼此同事還是同事，朋友還是朋友，並不會在心裡設置障礙。

辭愛的方式各式各樣，你可以選擇最適合自己的，也可以參考他人的。著名劇作家蕭伯納的辭愛方式，可以說是辭愛的經典。

有一日，蕭伯納收到著名舞蹈家鄧肯的求愛信，她在情信中寫道：「如果我們結合，有一個孩子，有著和你一樣的腦袋，和我一樣的身姿，那該多美妙啊！」

蕭伯納看了信後，很委婉而又很幽默地回了她一封信，他在回信中說：「依我看那個孩子的命運不一定會那麼好，假如他有我這樣的身體，妳那樣的腦袋豈不糟糕了嗎？」

其實，蕭伯納的這種委婉且幽默的暗示方式，非常適合用於同事或是同學中間，能在談笑風生中讓對方明白你拒絕他的意思，這是再好不過的了。

能說會道

當一個人愛上一個異性，在他／她的心目中肯定不是只想做朋友那麼簡單，所以對方在這個關係定位上，要非常清楚。當跟這個暗戀自己的人見面時，要明確以「朋友」的態度對待他／她，絕不可讓他／她有任何遐想，但說話不可太直接，以免傷害對方的自尊心。

第六節 婉拒加班，給上司一個恰當的理由

一旦拒絕，就不要改變。
——康得【德國】

「世界上最遙遠的距離，是我在加班，你卻在休息。」「不在加班中病態，就在加班中變態。」一面臨職場的加班壓力，許多白領不免發出諸如上述調侃式的抱怨。

工作中難免會遇上加班情況，有時是因為客觀原因，比如公司突然遇上業務量大增的緊急情況。有時是主觀原因所致，比如你的工作效率偏低，完成不了當天任務。緊急情況事出偶然，加班不可避免，作為下屬，要體諒上司的合理要求，倘若是自己工作效率過低，則應想方設法去改進工作方式，以適應公司要求。

但如果你確實有十分重要的事情，而加班又不是必須要做的情況時，不妨勇敢地跟上司拒絕。如何能既不得罪上司，又能夠少受一點加班之苦呢？這就需要在與上級的溝通中運用一些言語技巧。

優雅的旋轉餐廳裡，岳群和女友在舒適的座椅上吃著西餐，不時深情凝望著對

方。為了這一美好的時刻，岳群可是費盡周折才爭取到了時間。在感慨悠閒之餘，他不禁回想起半個小時前的緊張爭取……

離下班還有十分鐘了，岳群面露欣喜，與相識相知五年的女朋友共度五周年紀念日，是他一直以來想給女友的驚喜，他約好兩人在旋轉餐廳見，並向當眾向她求婚。然而公司 E-mail 消息在此刻傳來：今晚約定客戶談專案，主管負責留下接待客人。

「項目可以飯後選很多時間談，紀念日卻只有這一天。」岳群低聲告訴自己。重情義的他當然不希望跟女朋友錯過今天的日子，他不願意爽約，又不想得罪公司。思慮再三，他認為平時和上司關係不錯，私交也不錯，便決定以聊天語氣懇請上司放行。

「長官大人好！冒昧跟您講個條件，今天是我和女朋友五年紀念日，我早準備好要向她求婚，懇請您開恩放我一條生路。」

不巧上司也很為難：「岳群啊，你知道這個客戶很難對付，平時根本約不到他，這是今天有時間，你看……」

知道情況緊迫，岳群很為難，女友的電話響起，語氣裡充滿欣喜地問他是否快要趕到約會地點了。

掛了電話，他決定在與上司的溝通上作最後努力，成敗在此一舉：

您或許聽過這麼一個故事，古時有一個御廚可以做天下美味之餐，皇帝非常喜歡他，有一次不經意誇他做得好吃說：「你為我做的美食，天下恐怕除了人肉再沒有更新鮮的了吧。」第二天廚師端給皇帝一碗用自己小兒子做的肉羹，有人勸皇帝提防御廚是個殘暴之人，虎毒不食子，廚師的野心其實很大。皇帝卻以為這是忠心，對其大加封賞。果不其然，數年之後，御廚殺了皇帝，篡奪了皇位，不過很快被人們推翻了統治。我講這個故事，希望您能理解我的請求。因為如果我今天為了工作而辜負了我的女朋友，要是哪一天有人給了我更大的利益，我就有可能會做出背叛您的舉動了。我相信您也希望您的下屬忠誠於您吧。所以，希望您能理解。另外，我在這星期一定會約個時間與客戶好好交流，絕不會讓公司造成損失。

看著 E-mail 上長長的消息發送，岳群的心開始平靜下來了，他相信上司會理解這番話的含義。過了一會兒，消息回覆過來了：你不用加班了，去陪你女朋友吧！祝你成功！

將戒指環入女友無名指的那一刻，看著她幸福的笑臉，岳群慶幸自己恰當地拒絕了公司安排的加班……

上例中，正是由於岳群曉之以理、動之以情，才為自己的無法加班贏得了真正的開脫，這不失為一種智慧的手段。而且，他的巧妙之處是在最後向上司保證了即使不加班也會完成任務的可能，這種變通為拒絕加班的成功增添了勝算的籌碼。

在「適者生存」的職場理念的指導下，許多人為了贏得事業上的成功，即使是公司隨意要求加班，迫於生計壓力，也敢怒不敢言。他們既放棄了對親情、友情、愛情的呵護、培養，也在不經意間忽視了自身的健康，細想起來，這是多麼得不償失。

能說會道

生活還有那麼多美好，而不僅僅是為了工作去賺錢。其實，每個人都有拒絕加班的權利，都可以讓八小時以外的時間真正屬於自己。關鍵就看自己心中如何去衡量加班與個人生活的輕重權衡，選擇一個恰當的理由來婉轉地與上司溝通，相信你會獲得更多屬於自己的空間與時間。

第七節 得罪上司時，說話一定要放低姿態

在快速成長的企業，領袖應該要多一點霸氣。

——郭台銘

上司和我們一樣都是普通人，但是因為他處在一個可以發號施令的地位，下屬對於他有一種本能的敬畏，而他也有自己的優越感。在他的認知裡，一定要得到下屬的尊重，所以我們在和上司說話時，一定要放低姿態，讓他感受到我們的尊重。

贊同上司的意見是最為首要的尊重，當然這並不是要我們成為沒有個人觀點的應聲蟲，上司需要的也不是這樣的下屬。當我們想要改變上司的想法時，我們要做的不是直接指出他的錯，而是放低姿態，保持尊重，不去強調自己才是正確的，而是運用語言技巧把他的觀點轉到正確的一面，讓對方慢慢意識到你的觀點才是正確的。

瑞興大學畢業之後參加了某市的事業單位考試，很幸運地考上了本市的一家公司。因為機會難得，瑞興在工作中任勞任怨、兢兢業業，就這樣他在這裡工作了五

年。但是因為他並不是善於表達自己的人，所以除了自己單位的人之外，大多數人都對他不太熟悉，並且因為他生性耿直，說話大大咧咧，所以得罪了很多人，其中也包括他的上司

這一年瑞興所在的單位，公司給了一些員工宿舍，在這個房價飆升的年代，這些廉價的員工宿舍是十分珍貴的。因為所有人都想要住進員工宿舍，所以單位決定按照年資和表現分配這員工宿舍。瑞興正好在符合標準的人當中，他十分高興，連忙將這個好消息告訴了家裡人，同時也做好了入住的準備。

但是當分配名單出來之後，瑞興發現上面有比他晚工作的同事的名字，卻沒有他的名字，他感到十分生氣，認為是上司將他忘記了，於是怒氣衝衝地來到了上司的辦公室。

他推門進去就說：「王主任，你是怎麼辦事的，我的年資和工作表現都符合標準，但是員工宿舍的分配名單裡卻沒有我。」

說完這話瑞興就等著王主任的答覆。這時王主任在心想瑞興真不懂事，因為這時他的辦公室裡還坐著去其他部門的長官，他們在商談一些工作上問題。瑞興的無理讓他在這些人面前顏面掃地，讓他們覺得自己是一個在下屬面前完全沒有威信的上司。

王主任雖然心裡很生氣，但表面上還是要維持風度，他說：「小江啊，不是我把你忘了，我們單位有幾個外地的大學生急需用到宿舍。我想你是老員工了，不會和他們計較的，所以就先分給他們了，你不要介意啊，明年我不但優先把宿舍分給你，還一併給你加薪，怎麼樣？」

聽了上司的話，瑞興十分高興，他說：「你這樣說還差不多，那我先出去了。」瑞興洋洋得意地以為上司被自己的氣勢壓住了，這個單位沒有他是不行的。他欣慰於自己認真工作得到了上司的認可。從這以後瑞興一直等著公司提升自己。但是不知道為什麼在以後的幾年裡，上司既沒有將宿舍分配給他，也沒有替他加薪。

後來瑞興輾轉得知，上司對於他那天的無禮言行十分憤怒，他早就已經被列入不再重用的黑名單裡了。

職場中的人際關係是非常複雜的，有時我們得罪上司的原因不是做錯事，而是態度不夠良好，沒有表現出對上司的尊重，維護他的尊嚴。

適時對上司諫言是十分必要的，但不是每一個上司都有接受批評的胸襟，其實即使對方能夠接受批評，但在他的內心裡依然會覺得非常不舒服。其實忠言未必要逆耳，選擇合適的態度，放低自己的姿態，一樣可以達到自己預期的談話效果，甚至能取得更好的結果。

能說會道

只要我們的出發點是好的，同時懂得運用語言的技巧，尊重上司，把自己的姿態放低，注意談話的時機和場合，避免對方的地雷區，在和上司交談時就比較容易得到對方的認真對待和信任。

第八節 與父母產生分歧怎樣求得諒解

家庭的閉關自守是件不健康的事。它應當如一條海灣一樣，常被外浪的衝擊。

——莫羅阿【法國】

在現代社會中，許多子女都說與父母有代溝。

的確，父母孩子之間常常因各種原因，而產生摩擦。家庭中父母與子女間的摩擦，許多是因為兩代人之間存在思想分歧，解決起來不大容易。而偏偏長輩大多固執，後輩又很執拗，所以衝突屢有發生。在這種情況下，作為子女，要說服父母，就需要一定的技巧。

父母對子女的未來都寄予厚望，望子成龍，望女成鳳是他們夢寐以求的，而且在日常生活中，他們也常常教導子女將來要做一個有作為、有成就的人。因此，在說服父母時，如果你提出的意見與他們的目標一致，成功的機率就很大了。

一位剛畢業的年輕人在一家公司找到一份工作，然而父親不同意兒子的選擇，還託人給他聯繫某公司。這個年輕人說服父親：「這間公司我瞭解過了，很有前途，他們生產的是高科技產品，和我學的專業很一致。再說，雖然您介紹的那間公司好，可是裡面人才濟濟，我到那裡要想闖出一番成績，恐怕機會不多。可是，在這個公司就不同了，我去那裡，總經理要我馬上把技術工作學起來，這是多好的機會。我也是該有自己獨立思考的時候了，我想您一定會支持我的。」

如果用這樣的方式與父親溝通，即使父親心裡可能仍然存有疑慮，但卻會認真考慮，並最終接受兒子的看法，因為兒子考慮事情的角度和自己是一致的。

一般說來，父母很注意自身的尊嚴，對過去說過的話不會輕易失信，而且會及時兌現。所以，在說服他們時，就可以適當利用這種心理，用他們的話作為自己的旗幟，就比較容易成功。

有時候，雖然父母和我們的想法會有些不同，可是做兒女的還是應該真心實意地愛他們，關心他們的冷暖和健康，為他們分憂解愁。這樣，你也就會有許多機會來說服你的父母，有了誠懇、禮貌、親切的態度，話自然而然就會說得順耳，講得動聽了。

能說會道

人與人之間應該互相尊重，子女對父母更應該如此。而這種尊重，很重要的一個方面就是經常向老人請教和商量問題。許多事情，應該經常及時地與父母商量，聽聽他們的意見，這無疑是有好處的。

how to be a smooth talker

怎樣說孩子才會聽話

第五章

第一節 讚美孩子，讓孩子接受你規勸的話

數子十過，不如獎子一長。

——顏元【清】

有一種苦味的藥丸，外面裹著糖衣，使人先感到甜味，容易一口吞下肚子去。於是，藥物進入胃腸，藥性發生效用，疾病也就好了。同樣的，父母要對孩子說規勸的話，在未說之前，先給他一番讚譽，使孩子嘗一些甜頭，然後你再說那些規勸的話，孩子也就容易接受了。

古語云：「數子十過，不如獎子一長。」跟孩子講道理，應充分肯定孩子的長處，在此基礎上再對孩子的過錯予以糾正，這樣孩子就容易接受。如果一味地數落孩子，只會讓孩子產生自卑心理和逆反心理。

恰到好處的讚美是父母與孩子溝通的潤滑劑。家長對孩子每時每刻的欣賞、讚美、鼓勵會增強孩子的自尊、自信。我們要切記：讚美鼓勵使孩子進步，批評指責使孩子落後。

技術員建宏用讚美的辦法，把雙耳幾乎全聾的女兒婷婷，教育成了高材生。

建宏第一次看小婷婷做應用題，十道題只做對了一道，按說該發火了，可是他沒有。他在對的地方打了一個大大的紅鉤鉤，並讚揚她：「太了不起了，第一次做應用題十道就對了一道，爸爸像妳這麼大的時候，碰都不敢碰呢！」八歲的小婷婷聽了這些話，開心極了。

在父母的鼓勵下，十歲那年，婷婷就寫出了六萬字的科幻童話。消息見報後，不少殘疾兒童被送到建宏門下，也在建宏的「賞識教育法」下得到了很大進步。他說：「哪怕天下所有人都看不起你的孩子，你都應該眼含熱淚地欣賞他，擁抱他，讚美他。」

建宏巧妙地把讚美運用到了孩子的教育問題上。讚美開發了孩子內在的潛力，激起了他們學習上的熱情，喚起了他們強烈的進取心，使得孩子變「要我學」為「我要學」，進而在心理上徹底解放了孩子。

人都是愛聽好話，喜歡受到表揚的。美國著名心理學家威廉•詹姆斯研究發現：「人類本性在最深刻的渴望就是受到讚美。」孩子更是如此。因為孩子好奇心強但自信心不足，他們對自己的每一點小小的進步都非常在乎，渴望得到大人的肯定。所以，恰當的讚美往往能夠幫助孩子更好地成長。

能說會道

大人用真誠的態度、站在孩子的立場、設身處地的談話，是最成功的談話策略，因為能夠產生心靈共鳴的教育，才是最有效的教育，也才有可能真正將孩子教育成人、成才。

第二節 不打不罵，輕鬆解救沉迷網路的孩子

孩子的世界，與成人截然不同；倘不先行理解，一味蠻做，便大礙於發達。

——魯迅

今天，網路已滲透到人們生活的每一個角落，在人們能夠想像的領域中，它幾乎無所不在。透過它，人們可以和朋友保持聯繫、流覽資訊、聽音樂，生活無疑方便了很多，但同時，它也帶來了一些負面的影響，最明顯的問題就是青少年的網路成癮。

當一部分父母為孩子沉溺於遊戲不能自拔而痛心疾首的時候，另一部分家長卻為孩子坐在電腦前的時間越來越長而怨聲載道。網路時代的到來，令許多孩子沉溺網海，與家人相處的時間越來越少，親子關係也日漸疏遠。據相關專家預測，隨著時代的發展，因網路而形成的家庭問題將會增加，並將成為家長及孩子之間矛盾的焦點之一。

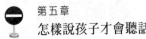

那麼作為家長，要採取怎樣的方法才能解救沉迷於網路的孩子呢？

愛玲的兒子小盼今年十四歲，天資聰穎，就讀於一所明星中學，也一直都是老師、家長眼裡的好學生。但今年三月，當同學們正埋頭複習時，小盼竟然去一家網咖玩遊戲，從此愛上網路遊戲一發不可收拾。後來小盼經常流連在網咖，把學習拋到了腦後，成績也一落千丈。

原本一家人幸福的生活因此籠罩上了烏雲。愛玲和丈夫不論是規勸還是打罵，都沒有用。他們甚至還買來一些電腦方面的書籍，想培養兒子從事相關工作，但小盼因為看不懂而放棄。

於是，愛玲開始反思，採用這種「棍棒」加說教的方式來管教孩子，只會激發孩子強烈的反彈情緒，反而使他更加沉迷於網路遊戲。

現在她真正要做的，不是如何限制小盼上網，而是如何轉移小盼對上網的注意力。所以，愛玲就慢慢地改變了做法，不再堅決要盼盼和網路遊戲「劃清界限」，甚至為滿足小盼的需求，購買了新電腦，還在奶奶家也裝上了寬頻。也不再對孩子嚴加看管，甚至不再要求孩子考上名校。

小盼對父母的逆反心理開始慢慢地消失了，清楚地明白了父母對自己的關家和望子成龍的心理。他自己說要暫停打網路遊戲，全心投入學習中。雖然，現在的分數離要考的高中還有一段差距，但卻使他頭一次清醒地認識到，是自己要讀書，是自己要成材。

其實，對待那些沉迷網路的孩子，說教打罵並不是解決之道，反而只會讓他們對父母產生一種逆反的心理，要讓孩子不再沉迷於網路，最重要的是要讓孩子樹立自己的理想和培養新的興趣。

能說會道

孩子有自己交朋友的自由，父母應該尊重他們的選擇。但是，孩子辨別是非的能力不強，如果和社會上一些不法青年交上朋友，就很有可能學壞。因此，父母不能忽視孩子所交往的朋友對孩子的影響，一旦發現孩子交友不慎，一定要及時糾正。父母要讓孩子自己產生警戒，遠離「損友」，如果情況很嚴重，父母可以和老師溝通協商，想辦法解決，千萬不能讓孩子學壞了。

第三節 寬容溝通，讓孩子遠離早戀

我不知道是否有別人比我從父親那裡所得的更多。我用父親的豁達應付環境的變故，用父親的樂觀創造自己的前程，用父親的鼓勵與寬容的方法教學生和孩子，用父親對大自然父親的愛好來陶冶我自己的性情

——羅曼·羅蘭【英國】

據調查顯示，早戀已經成為青少年中越來越突出的社會問題。而且，近年來學生戀愛現象開始出現低齡化的趨勢，不僅高中生談戀愛的比率居高不下，連初中生談戀愛的比率也大幅度增加，甚至有些小學生就開始談戀愛了。

戀愛本身是無害的，但是在心理不成熟、缺乏教育和引導的情況下過早地「戀愛」是有害的，至少對青少年的成長弊大於利。他們對真正的愛情、愛情所包含的社會責任和義務，一無所知或知之甚少。因此在男女交往中，往往容易因一時衝動，造成各種社會問題。所以，青春期戀愛也成了讓家長擔憂的另一問題。因為不聞不

問，總覺得會耽誤孩子的學業；過問又怕逼急了，孩子做出什麼可怕的事來。

作為父母和老師，應十分謹慎小心地加以對待孩子的青春期戀愛問題，並採取適當有效的方式予以解決。

1.多與孩子溝通，幫助他們樹立正確的愛情觀，讓他們認識愛的真諦，而不能以強硬的手段進行干預。

2.可以利用興趣轉移孩子的注意力，充實了孩子的生活的同時，使其精神有所寄託，從而發現了生活的意義。

3.在家中父母應多和孩子展開一些家庭集體活動，不時增進父母與孩子之間的感情，以便能及時瞭解孩子的心理和情緒變化，及時教育。

4.寬容和理解孩子，動輒批評，甚至不分表紅皂白地訓斥、苛責、打罵和羞辱他們，是最不明智的做法。

能說會道

父母可以提醒孩子，但不要教訓孩子。父母可以和孩子講清道理，讓孩子懂得某種行為可能帶來的後果。當孩子出現某種不良行為的時候，父母可以提醒他，但不要教訓他，因為過失所造成的後果將會給孩子適當的教訓。

第四節 化強權為打氣，跨越與孩子的「代溝」

父親們最根本的缺點，在於想要自己的孩子為自己爭光。
——羅素【英國】

隨著社會的發展，人們的價值觀、世界觀發生了巨大的變化，父母與孩子之間由於生活在不同的時代而產生了基本價值觀的差異，比如孩子嫌父母古板、循規蹈矩，父母抱怨兒女不踏實、太新潮……

孩子與父母之間的這種衝突是孩子成長過程中的必經關口。衝突本身並不可怕，關鍵在於如何正視衝突，並合理地處理和化解衝突。

有時候仁芳會羨慕別的家庭，他們的孩子怎麼就能和父母無話不談？甚至連戀愛的祕密也一起分享。但她女兒燦燦最愛說的就是：「媽媽妳別管了，我自己會處理。」

仁芳第一次發現燦燦特別有主見，是在國中會考時。

那時，燦燦已經被通知保送，直升明星高中。燦燦學習成績一直較好，能保送就算是進了保險箱。但在此前，燦燦一直在考慮想報考另一所學校。到底該如何選擇？

然而，被保送已經是許多孩子夢寐以求的了。那個月，這個話題一直在仁芳家的飯桌上討論不休。如果放棄保送，萬一考不上，對燦燦會不會是個沉重打擊？而且，即便那時再考上本校，還要多繳一大筆學費。而且，本校會不會不願接收呢……他們盡可能傾聽燦燦對學校的感受，和燦燦商討各種可能性，並介紹自己在工作生活中的教訓……但其實，仁芳和她丈夫心中早有定數：希望燦燦還是接受保送。

「但我們能替孩子做決定嗎？誰又能保證她執行的效果？」於是他們告訴燦燦：「這件事由妳自己決定。」

其實，女兒非常認真地聽取了他們的意見。仁芳心裡也打鼓著：「我和丈夫應該支持孩子在事關前途的問題上冒險嗎？」

終於有一天，女兒回家後淡淡地說：「爸媽，我今天跟老師說，放棄保送名額了。」

一瞬間的震驚。仁芳和丈夫迅速對視一眼，馬上表示：「那就這樣吧！」沒再多說什麼。可是晚上回到臥室，她和丈夫談到深夜，心中不知是驚喜還是擔憂。沒想到孩子這麼小就有了決斷力和對自己負責的態度，她既然願意逼自己一下，不管結果如何他們都接受。

戰戰兢兢幾個月過去了，孩子還是以幾分之差落榜。之後半年多的時間，孩子經歷了期望值的失落、對學校的不滿意和與其他同學比較後的失衡。看著她煩躁的神情，仁芳的擔心真是難以形容。

就在那時候，仁芳常常用自己的經歷給女兒「打氣」。她給燦燦講述她十八歲離家工作時，單純、膽怯、對社會一無所知，十多年來，面對艱難困苦的生活，她和丈夫是如何熬過來的，如何靠著自己的奮鬥走出困境。

她對燦燦說：「我跟爸爸現在擁有大部分好的經驗、能力也都是在不斷地失敗中得來的，經歷點挫折也不是壞事，這是成長中一次重要的心理考驗，別人無法替代。只有依靠自己不斷地打拼鍛鍊才可能取得成功。」仁芳和們都一直站在旁丈夫一直都在燦燦的身邊默默地支持她。後來，燦燦逐漸從失敗的陰影中走出來，並考上了她想念的高中。

其實，獨立是孩子成長的需要，處於青春期的個體具有明顯的獨立性和成人感心理。若父母對這些「準大人」仍採取強權態度，喜歡命令孩子，不但沒有效果，反而會增加孩子的抵觸情緒，加大父母與孩子之間的代溝。假如父母能認識到這是孩子個性的表現，抱著理解、尊重和正確引導的態度去面對，那麼兩代人之間的代溝自然容易消除。

能說會道

父母要用溫暖的愛撫慰孩子，尊重孩子的選擇，尊重孩子的世界。父母要給嬌弱的孩子以擁抱和親吻，使他感到父母的溫暖；給活潑開朗的孩子鼓勵和幫助，讓他體驗父母的親切；給膽小的孩子留下無拘無束的空間，使他感到快樂自由。

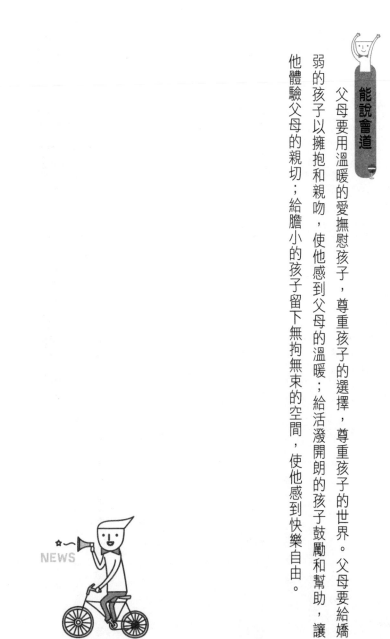

第五節 巧妙利用孩子好奇心來影響他

兒童的一般發展、記憶，在很大程度上取決於家庭裡的智力與趣如何，成年人讀些什麼，想些什麼，以及他們給兒童的思想留下了哪些影響。

——蘇霍姆林斯基【蘇聯】

眾所周知，《哈利．波特》的孕育者羅琳女士因為這套書一躍成為全英國最富有的女人。根據此書拍攝的電影同樣火熱，從《哈利波特——神秘的魔法石》到《哈利．波特——死神的聖物》，觀眾雲集，魅力持續而不減，蟬聯北美票房冠軍。

當我們隨波逐流地追捧《哈利．波特》的時候，是否考慮過，無論是書籍還是電影，它們為什麼有如此大的影響力？竟然如此吸引著人們？難道是哈利．波特這一號人物有著鮮為人知的魔力？

不知道你是否發現，羅琳在創作的《哈利．波特》第一集時，就已經為後面的持續創作埋下了伏筆，各集環環相扣，高潮迭起，險象環生，吸引著讀者去猜測、幻想、推理故事的下一節，嚴格的保密工作更是營造了一種神祕氛圍，使所有讀者看完了一集就開始沉入了下一集的期待之中。而驅使這一切順理成章發生的，無非是我們的好奇心。

我們再來看看《哈利·波特》在行銷前所製造的神祕。只要稍微關注一下《哈利·波特》的相關報導你就能發現，懸念成為推銷《哈利·波特》最好的「魔法」，「哈利·波特的好朋友中究竟是誰死去了？他與誰談戀愛了？校長那麼厲害怎麼還會死？」這一系列「吊胃口」的做法讓出版商與發行商屢試不爽。

在《哈利·波特》第五冊的書展上，作者羅琳對一群年輕書迷幽默地說：「他（哈利·波特）將在第七冊裡活著，但我不能說他在最後的結局中是否會長得大一點」，她在每冊書推出之前都拒絕向讀者透露書名，給讀者更多的想像與渴望。

圖書進出口公司的徐先生曾指出「羅琳在寫完前四部之後，整整停了兩年才推出鳳凰會的密令，其實這是一個非常好的時機。」「連續地強烈刺激讀者之後，突然停頓兩年，讓這些讀者在未產生厭惡之前，又獲得充分積蓄閱讀欲的時間，而今年，這種對續集的渴望已經達到了峰值，他們完全把握住了讀者的心理。」看來，人們的好奇心給《哈利·波特》帶來了無限的商機。

我們再來看看《哈利·波特》的一系列電影。很多看過書的人仍舊要到電影院再次回味一下故事情節，這是為什麼呢？據說，羅琳女士曾表示會把她在小說構思中未採用的一個情節補充到電影裡，這個懸念無疑會吊起眾多哈利．波特迷的胃口。同時，每一集電影也像書一樣，在非常激烈、動人心弦的時刻，又給下一集埋下伏筆，讓好奇心驅使觀眾熱切地期待下一集的出現。

《哈利．波特》走紅的典例，深刻地告訴了我們，抓住他人的好奇心，你對他的影響將是巨大的。你一旦引起了對方的好奇心，就等於抓住了對方的注意力，對方對你產生了興趣，你自然就好辦事了。

例如，你想把自己的經驗告訴孩子，避免孩子走歪路，但是孩子不一定有興趣聽，所以這個時候你不能以「媽媽小時候」、「爸爸小時候」這樣的話語開頭，而要以講故事的方式來特別強調它的獨特之處，哪怕是很小的一方面，一定會比平平凡凡地說一大堆道理更吸引孩子。一旦激起孩子的好奇心，讓他們明白是非對錯就會容易很多了。

還有，如果想轉移孩子的對某些不良事物的注意力，你不妨找一些能引起孩子好奇心的事物，或者講述一些能引起孩子興趣的故事，這樣就可以把孩子的注意力適當轉移了。

能說會道

當孩子有夢想時，父母應為此感到高興，並且及時給予肯定，鼓勵，因為這正說明了他們對客觀世界已經產生了強烈的興趣和旺盛的求知欲，說明了他們將來可能會成為一個有出息的人。一個人心中擁有了夢想，就會在希望中生活，投入他們全部的努力，並不斷地創造生命的奇蹟。

第六節 想要影響對方的言行，諄諄教導不如以身作則

兒童需要榜樣甚於批評。
——哈伯特【美國】

一位父親去學校開家長會。

「您在家裡喜歡蹺二郎腿吧？」老師問。

「你怎麼知道？怎麼了？」他面露驚訝。

「任課老師反映，您家孩子總喜歡把腳放在桌子上！」

俗話說：「言傳不如身教。」相比絮絮叨叨的言傳，不言不語的身教更能影響人、打動人。

作為父母，想讓孩子養成好習慣，與其再三地提醒，不如自己做好榜樣。比如，你想讓孩子喜歡讀書，不必反覆申明讀書的好處，只需在孩子面前多多多讀書；想讓孩子擁有孝心，不必大講特講傳統美德，只需在孩子面前孝敬你自己的父母……

作為上司，想要下屬做出你所期望的舉動，也是如此。想讓下屬遵守規規章制

度，與其在大、小會議上三令五申，不如自己嚴格按照規章辦事；想讓下屬吃苦耐勞，與其大力宣揚吃苦耐勞是一種美德，不如你首先表現出不怕苦不怕累的精神。

為什麼身教勝於言傳？

因為人們容易在不知不覺中模仿他人的行為。

研究人員發現，生活中，人們習慣透過效仿來模仿別人的行為，或觀察別人的反應後再作出相同的反應。下屬或者年幼的子女尤其如此，他們總是在觀察上司或父母的行為，並且不分好壞地加以模仿。心理學家本得爾勒把這種模仿或參考別人的行動，而後所形成新的行動方式現象稱為「效仿」（Modehng）。

效仿對人的行為可能產生三種效果：

一是觀察和學習的效果，即透過觀察被模仿者的行為學習新的行為。有時這比直接學習更有效。有一個廣告是這樣的：一個小男孩看到媽媽在給阿嬤洗腳，於是，小小年紀的他也去為媽媽端了一盆水，說要替媽媽洗腳。廣告中的小男孩就是在不知不覺地效仿媽媽。

二是抑制自己的行動或促進正在抑制的行動的效果。本得爾勒做了這樣的試驗，他把孩子們分成三組，讓他們分別觀看一個女大學生百般虐待大洋娃娃的電影，對第一組說女大學生的這種行為很酷，對第二組說這種行為是不可取的，對第三組沒做任何表態。結果第二組孩子的攻擊性最低。

三是促進反應的效果。我們常常看到這樣的情景：正在抽菸的人看到別人掏出菸叼在嘴裡，就不自覺地也想掏出菸來抽，卻發現自己已經在抽著菸。就像小孩子為了得到父母的寵愛，就會模仿父母的行為一樣。

通常，被效仿者的社會地位越高，越平易近人，其影響力也就越大。所以，父母應該以身作則，而不是整天念叨孩子哪裡做錯了。為人父母，要意識到孩子隨時隨地都在注意著自己、效仿自己。如果你希望孩子更聽話，不妨以身作則，先注意自己的言行，讓孩子在成長的過程中觀察、模仿、學習，逐步提升自己。

能說會道

我們的家長在重視提高孩子智商的同時，更要重視提高孩子的情商、道德商；身教重於言教，以父母自身的高尚品德與文明舉止教育出來的孩子一定是品德高尚、智慧超群的孩子。

第七節 別罵孩子「不爭氣」，對他說「你很優秀」

在社會中執法若不嚴明，犯罪就會增多；在家庭中懲罰孩子如果遲疑不決或前後不一致，結果也會使過失大大增加。

——斯賓塞【英國】

作為父母、老師，經常會碰到「不爭氣」的孩子和學生。這時應該怎麼樣，橫眉怒對嗎？這只會增加他的叛逆心理。比較好的一種辦法是告訴他：你很優秀。人們多數時候需要的是激勵，而不是責。

紐約布魯克林的一位四年級老師魯絲．霍普斯金太太，在新學期開學的第一天，看過班上的學生名冊時，她對本該興奮和快樂的新學期卻心懷憂慮：今年，在她班上有一個全校最頑皮的「壞孩子」——湯姆。他不只是做惡作劇，還跟男生打架、逗弄女生、對老師無禮、在班上擾亂秩序，而且好像是愈來愈糟。他唯一的優點是：他很快就能學會學校的功課。霍普斯金太太決定立刻面對湯姆的問題。

當她見到她的新學生時，她說了些話：「羅絲，妳穿的衣服很漂亮。愛麗西亞，我聽說妳畫畫很有天份。」當她念到湯姆的名字時，她直視著湯姆，對他說：「湯姆，我聽說你是個天生的領導人才，今年我要靠你幫我把這個班變成四年級最好的一個班。」

在頭幾天，她一直強調這點，誇獎湯姆所做的一切，並評論他的行為表示他是一位很好的學生。令人驚奇的結果出現了，湯姆真的變了，他漸漸地約束了自己的行為，變成了一個好學生。

再看一下美國紐約州第一位黑人州長羅傑．羅爾斯的故事。

羅傑．羅爾斯是美國紐約州歷史上第一位黑人州長。他出生在紐約聲名狼藉的大沙頭貧民窟，這裡環境骯髒，充滿暴力，是偷渡者和流浪漢的聚集地。在這兒出生的孩子，從小耳濡目染，他們從小翹課、打架、偷東西甚至吸毒，長大後很少有人從事體面的職業。然而，羅傑．羅爾斯是個例外，他不僅考入了大學，而且成了州長。

在就職的記者招待會上，一位記者對他提問：是什麼把你推向州長寶座的？面對三百多名記者，羅爾斯對自己的奮鬥史隻字未提，只談到了他上小學時的校長——皮爾．保羅。

一九六一年，皮爾．保羅被聘為諾必塔小學的董事兼校長。當時正值美國嬉皮士流行的時代，他走進大沙頭諾必塔小學的時候，發現這裡的窮孩子比「迷惘的一代」還要無所事事。他們不與老師合作，曠課、鬥毆，甚至砸爛教室的黑板。皮爾．保羅想了很多辦法來引導他們，可是沒有一個方法是奏效的。後來他發現這些孩子都很迷信，於是在他上課的時候就多了一項內容——為學生看手相，他用這個辦法來鼓勵學生。

當羅爾斯從窗臺上跳下，伸著小手走向講臺時，皮爾．保羅說：「我一看你修長的小拇指就知道，將來你會是紐約州的州長。」當時，羅爾斯大吃一驚，因為長這麼大，只有他奶奶讓他振奮過一次，說他可以成為五噸重小船的船長。這一次，皮爾．保羅先生竟說他可以當紐約州的州長，著實出乎他的預料。

他記下了這句話，並相信了它。從那天起，「紐約州州長」就像一面旗幟，羅爾斯的衣服不再沾滿泥土，說話時也不再夾雜污言穢語。他開始挺直腰杆走路，在以後的四十多年間，他沒有一天不按州長的身分要求自己。而在五十一歲那年，他終於成了州長。

所以，現實生活中，當你的孩子或者學生調皮搗蛋不好好學習時，不要隨便責他，而要告訴孩子「你很優秀」，即便這是善意的謊言，也會給孩子的內心帶來好的影響，孩子會因為你的激勵而努力讓自己真的變得如你所說的那般「優秀」。

能說會道

大人教育孩子時不要急於求成，如果你指望孩子一教就會，一會就再也不用教了，那你必定會後悔。只要你願意給孩子機會和時間，讓孩子在你的教育輔助下慢慢成長，總有一天他會長大，長成令你倍感驕傲的孩子。

第八節 別對孩子發號施令，改由建議或提問

務使敬畏父母之心變得很自然，他們的心裡要肯服從，沒有一點點勉強。

——約翰．洛克【英國】

卡內基認為，拼命地指示他人是沒有什麼好處的。從內心來說，每個人都喜歡指揮他人而不是聽命於別人，但出於工作的安排，非得有人去命令他人，也有人要聽命於別人。

然而問題是有些人的命令讓人根本難以聽下去，更別說從內心接受了。一般來說，當我們命令他人時，最好多一些疑問句而非祈使句，讓對方感到你既是在徵求他的意見，同時也是在安排他去做某事，並且要求一定要完成。

著名的資深傳記作家伊達．塔貝在寫《歐文．楊傳》的時候，曾和一位與楊先生共事三年的人談話。這位先生宣稱，他從未聽過楊指使別人——他只是建議，不是命令。

譬如，歐文．楊不會說「別這麼做，別那麼做……」或「去做這個，去做那個……」，他只會說「你可以考慮這樣……」或「你覺得那樣有用嗎？」。

他常常在口授一封信之後說：「你覺得這樣如何？」在接過助手寫的信之後，他會說，「也許這樣寫比較好些。」他不教助手做什麼，而讓他們自己去做，讓他們自己在錯誤中學習。

這種辦法容易讓一個人改變自己原有的觀點，保持個人的自尊心，給他人一種自重感，這樣他就會與你保持合作，而不是反對。

南非約翰尼斯堡一家小工廠的總經理伊安。他的工廠專門製造精密儀器。有人願意向他們訂購一大批貨物，但要伊安確定能如期交貨。

由於工廠進度早已安排好，能否在短時間內趕出一大批貨，連伊安也不敢確定。伊安沒有催促工人趕工，他只是召集了所有員工，把事情詳細說明了一番，便開始提出問題。

「我們有什麼辦法可以處理這批訂貨？」

「有沒有什麼辦法可以調整一下時間或個人分配的工作，以加快生產進度？」

「有沒有人想出其他辦法，看我們工廠是不是可以趕出這批訂貨？」

員工們紛紛提出意見，並且堅持接下訂單。他們用「我們可以做到」的態度去處理問題，結果他們接下了訂單，而且如期趕出了這批訂貨。

誰都討厭被人命令，受人指使，即使你的孩子也是如此。

「傑克，別整天只顧著玩，快去複習功課！」

雖然他嘴上說：「知道了。」卻總是磨磨蹭蹭的不見行動。

你在餐廳裡對服務員說：「喂，拿杯咖啡來。」

他可能會答道：「好的。」卻遲遲不見咖啡送上來。

嘴裡答應了卻不去行動的人，必有他的某種原因存在。其主要原因就是，人都討厭被人指使，尤其是處在叛逆期的孩子，他們會在潛意識裡會對命令和指使反抗。他們總希望自己能夠主宰自己的事情，若經別人催促，即使口中答應了，但在某種地方卻殘留著反抗，成為實行的障礙物。

所以，老師和家長對孩子說話時，就請記住這一要訣：用提問或者建議的方式代替直接命令。

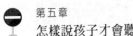

能說會道

作為父母，應該除掉多餘的擔心，盡可能讓孩子接觸到各類東西，讓孩子自己去體驗各種各樣的經歷。每個孩子都有自己的選擇方式，都有自己的想法，自己的定位，每個孩子的世界都是一個相對獨立的世界。對生活的環境，孩子們已經逐漸形成自身的一套處事方式，家長不要過於強求孩子不願做的事情。如果父母使用命令的方式，強制性地要求孩子什麼可以做，什麼不可以做，會讓孩子陷入無奈的境地，導致他們更多的反抗。

第九節 孩子很「棒」時，誇孩子「棒」

使兒童們從善的最好方法，是使他們快樂。

——王爾德【英國】

父母們含辛茹苦，似乎有充足的理由證明自己做得有多麼稱職。可為什麼孩子就是不領情，覺得父母根本不關心他們，不在意他們，感受不到父母對他們的愛？為人父母者，應該好好反思一下：你到底給了孩子什麼？一個溫暖的擁抱、一個肯定的微笑、一次善意的提醒、一份無條件的理解？實際上他需要一個關心他、愛護他、理解他的父母。

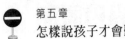

身為父母或師長，不要再吝嗇自己對孩子的關愛，在孩子很「棒」的時候，就要毫不吝嗇地對他說：「孩子你很棒！」，也許這種舉手投足間的關愛、呵護，就能影響並改變孩子的命運。

一名法文老師上課較嚴厲，所以在他執教的學校裡，他算是一名不受孩子歡迎的老師。某天他講授法文時，不小心在語法問題上犯了一個明顯的錯誤，並當場被一名昔日被他嘲諷過而耿耿於懷的孩子發覺。

這個孩子馬上逮住報復的機會，絲毫不客氣地指出錯誤，此時所有的孩子都安靜不語，想看看平時囂張跋扈的老師會如何應付。

過了一會兒，老師冷靜下來，說：「噢，看你平時上課心不在焉，想不到居然這麼細心，連這麼不起眼的毛病都被你發現了，真是不錯，說明你最近學習真的變認真了，其他同學也要看看人家是怎麼積極要求上進的。」

這個孩子本來是以報復的心態向老師展開攻擊，不料竟得到一貫言辭偏激的老師當眾讚揚，剎那間一種自豪的滿足感溢滿胸懷，馬上又覺得這位老師其實也有可愛之處，並不是那種人見人嫌的人物。

孩子和老師並不是敵對的雙方，這位老師沒有以一貫的眼光看待平時不乖的孩子，在孩子表現優秀的時候當眾表揚，在最後老師又補充說：「像這種不起眼的小毛病，必須要仔細認真才不會發生，如果不加以改正，時間一久便容易犯下更大的錯誤，所以大家要記取今天這個教訓。」

一般人受到指責後，會覺得自尊心受到傷害，更何況是這些正在長大的孩子，他們期望得到別人的關心、關懷、關注。在平時的生活中德高望重或高高在上的老師或者家長，往往會利用暴躁的氣勢壓住孩子，這樣也容易影響孩子的性格，導致孩子的個性偏激，也不利於孩子的成長。

在孩子很棒時，如果家長或者老師吝嗇於自己的誇獎和表揚，如此一來，雙方極易形成對峙的局面，將不利於今後雙方的再次溝通。所以，高明的家長或者老師面對此種局面時，一定會在孩子很「棒」時，多誇孩子，多表揚孩子。這樣故意讓對方在語言邏輯上另轉他向，可以緩和家長、老師和孩子之間敵對態度。

能說會道

每一個孩子都是可以塑造的，只要我們多點耐心，讓愛成為孩子堅持下去的力量，這樣每一個孩子都會是優秀而非不可救藥的。

第十節 孩子「搞破壞」時，不罵孩子「野蠻」、「搗亂」

要愛護兒童，幫他們做遊戲，使他們快樂，培養他們可愛的本能。

——盧梭【法國】

人都喜歡聽好話，更何況孩子。因此，面對孩子天真幼稚的行為，不能用成人的標準來判定，應發自內心地讚美孩子的創造力：「你真行！我小時候可不如你。」隨著孩子年歲的增長，對他的鼓勵更應多於批評，孩子的進步就會越來越快，也會把家長當做自己成長道路上的良師益友。

如果為人父母，只知道一味地責備，甚至惡狠狠地訓斥，那麼必定會使孩子的自尊心在你的訓斥聲中漸漸喪失殆盡，同時毀掉的還有你與孩子的關係。

在大院子的後面，停放著一部破舊的汽車，院子裡的孩子們吃完晚飯便會跑出來，攀上車廂蹦蹦跳跳，樂此不疲地玩耍，吵嚷聲震耳欲聾。大人越管，孩子們跳的聲音越大，大人們見此情景，只有無奈地搖頭。

這天，院子裡新搬來一位王老師，她對孩子們說：「孩子們，你們今天比賽，看誰聲音跳得最響，獎勵就是玩具手槍一支。」

眾童歡呼雀躍，爭相蹦跳，優者果然得到玩具手槍。

次日，王老師又來到車前，說：「今天繼續比賽，獎品為一塊巧克力。」眾童見獎品還不如昨天的，紛紛不悅，無人賣力蹦跳，聲音稀疏而微弱。

第三天，王老師又對孩子們說：「今日獎品為花生米兩粒。」孩子們聞言，紛紛跳下汽車，都說：「不跳了，真沒意思，回家看電視吧。」

前面例子中王老師取勝的原因在於：處於成長期的孩子有著強烈的表現欲，他們想盡辦法引起成人對自己的注意。至於採用什麼方法，造成什麼影響，不是他們考慮的範圍。這個時期的孩子還有逆反心理，如果對他們採用強制的辦法，只會強化他們的表現欲，引起他們的行為對抗，事與願違。王老師的安排，意在排除孩子逆反的根源，避免心理誘導過程中出現新的干擾。

在孩子們搞破壞時，王老師並沒有打罵孩子們。而是抓住了有趣的兒童心理，在正面無法突破的情況下，採用獎勵遞減法，收到了奇妙的效果，所以在孩子搗亂時，家長和老師不應該打罵孩子，而是要講究策略。

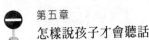

能說會道

父母在對孩子的教育過程中，也不能光想著讓孩子在快樂中學習和成長，過度擔心給孩子壓力過多，進而放鬆要求，甚至沒有要求，這種教育方法也是不正確的。

絕對寬鬆的教育肯定會失敗，誠如絕對高壓的教育肯定失敗一樣。所以科學的做法是給予孩子適當的壓力，這樣不僅樂意激發孩子無窮的動力，使孩子在張弛有度的教育環境中健康成長，也可以避免孩子被過於沉重的壓力壓垮。

第十一節 經常對孩子說「謝謝」

父母對自己的要求，父母對自己家庭的尊敬，父母對自己一舉一動的檢點：這是首要的和最基本的教育方法。

——馬卡連柯【蘇聯】

禮貌用語不僅僅限於成人之間的交流，在家長老師與孩子的溝通中更應該注意禮貌用語，這往往是家長們忽略的。禮貌是人們共同遵守的一種行為規範和道德準則，它是通往相互和諧和尊重的一座橋梁。在日常生活裡，家長們對孩子一個簡單的「請」字，一聲真誠的「謝謝」，都是對孩子尊重、誠摯的一種感情流露，它能讓孩子們感受到親切、舒服和愉快。

汪海洋是一個調皮搗蛋、不遵守班級紀律的學生。有一天，他與班上品行、學習均較好的同學小濤發生了爭吵。被老師發現後，按照以前的「經驗」，汪海洋認為自己必會被老師不分青紅皂白的挨批一通。但是老師卻一反其常規，採取「冷處理」。

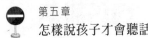

經過詢問，原來是汪海洋看到其他班級的同學欺負他班上的同學，甚至要揚言要收保護費，汪海洋氣不過，為了保護同學而與那些「壞孩子」大打出手，然而卻恰巧被小濤看見了，也不聽解釋，當即告到了班老師那裡。

班老師在指導事情原委後，跟汪海洋說：「謝謝你，汪海洋，你保護同學做得很對，老師謝謝你！」結果汪海洋大為感動，一反常態，主動向老師道歉認錯說：「也怪我太衝動了，沒有想到後果，也許還有更好的處理辦法。」

老師則因勢利導，告訴汪海洋：「這次的事情讓老師很感動，其實你有很多優點，比如見義勇為、熱愛勞動、具有很強的組織能力，像上次由你發起的籃球比賽，得到了同學們的一致好評。這些老師都是看在眼裡的，老師正在考慮讓你來當班上的紀律班長呢！你回去想一想，看採用什麼方法能把班級的紀律管理得更好，想出一個方案給我，好嗎？」

汪海洋回到班級後，為了像個班長的樣，一改原來的惡習，不僅遵守紀律、關心同學，把班級管理得很好，而且課堂上也變得很活躍，主動舉手回答問題，不會的問題主動提問，結果成績很快提高了。

在上面的例子中，老師首先對孩子的見義勇為表達了感謝之情，然後順勢拋給他一件優質的參照物——當紀律班長。孩子為了與這件優質的參照物相配套，就會以新的行為體系替換原有的行為體系，進而達到了老師預期的目的。

能說會道

在孩子的成長過程中，無論對於孩子好的行為和做事方法我們要予以感激之心，當成朋友來對待，同時鼓勵孩子成為他想成為得優秀的人，那麼，孩子也會努力配之好的習慣。因為人一旦被貼上某種標籤，就會按照標籤所標定的去塑造自己。

第十二節 告訴孩子「別怕失敗，再來一次」

不在於給兒童以虛假的道德說教，而在於防止純潔的心靈沾染罪惡。

——盧梭【法國】

很多教師在教學中常常會遇到這樣的現象：孩子在學習時毫無動力，缺乏進取心，遇到挫折時傾向於放棄，乃至對於力所能及的任務也往往不能勝任，他們認為自己無論怎樣努力都無法取得成功。一個人經歷了失敗和挫折後，往往在面對問題時會產生無能為力的心理狀態和行為。

在現實生活中，這種現象相當普遍。但是，這不是與生俱來的，而是後天形成的。老師和家長對孩子過高的期望、對孩子經常性的指責等都可能導致孩子的失敗心理。

平日裡，小輝的爸爸想激發小輝的鬥志，常會這樣激勵他，比如，「你看看樓上的阿明，這次代表學校參加數學競賽拿了第二名，你什麼時候才能拿這樣的好成績給我看看啊」，「你怎麼考試總是徘徊在十名左右，什麼時候你能給老爸爭口氣，像考進前十名呢」。在爸爸的「激勵」下，小輝越來越沒有自信，每次失敗後都會自責：「爸爸，我已經很努力了，為什麼還是比不上明明呢？」「難道我真的很笨，不可能考到前十名嗎？」

看到上述的案例，不由得會有種辛酸的感覺，由於大人在語言上不注意，已然加深了孩子失敗的心理，讓孩子變得越來越沒有自信。那麼，我們如何拯救這些的孩子呢，家長和老師在平時的教育中怎麼正確跟孩子溝通呢？

1. 對孩子的評價內容要積極

積極的評價使孩子對自己充滿信心，自我效能感因此提高；負面的評價會打擊孩子的自尊心和自信心，孩子可能因此而破罐破摔。

2. 數其一過，不如獎其一功

受過批評的孩子往往會喪失自信心，因為害怕再犯錯，所以對力所能及的事也會產生畏縮退避行為。較少受表揚的孩子會認為不管事情處理得如何，結果都無關緊要，相反做錯了還會受到批評，因而會慢慢失去主動性，進而產生漠不關心的態度。一次兩次挫折可能不會產生嚴重的後果，但是反覆體驗這類情境，會導致孩子

習得這種對生活的無助感。正如名言所說：用一頓重的批評去攻擊他，不如用一兩的表揚去肯定他。

3.誇獎鼓勵要及時

對孩子鼓勵多，孩子的進步就快。鼓勵是自信的酵母，誇獎是自信的前提，自信是信心的基礎，沒有自信就沒有信心，培養孩子自信心的有效方法就是誇獎鼓勵要及時。誇獎不僅僅表示了父母對孩子的信心，同時也堅定了孩子對自己的信心，只有孩子對自己充滿了信心，他才會為成功找辦法，不為失敗尋藉口。

「失敗心理」會給孩子帶來很大的影響，作為父母或者老師，一定要及時告訴孩子「不要害怕失敗，重新再來一次」我們一定要採用各種辦法，儘量避免孩子的失敗心理，讓他們在成長的道路上走得更好。

能說會道

父母給予孩子的應該是真愛。這種真愛，是以關懷為起點，以理解為基礎，以尊重信任為核心，以嚴格要求為原則的愛，這才是父母給予的真正的愛。這樣的愛能使孩子感受到無限的溫暖，成為他積極上進、健康成長的力量。

第十三節 當頭棒喝，及時讓孩子反省

你若想瞭解女兒，只要看她和什麼樣的人交往。

——英國諺語

某高中一名高二女生受不良風氣影響有了青春期戀愛傾向，和同班一個男生頻繁約會，上課時也心不在焉，以至成績大幅下滑，班主任把她叫到辦公室，問她為什麼不認真學習，她回答：「沒心思學。」

班主任聽後厲聲呵斥道：「妳那心思都幹什麼去了？為什麼就這樣執迷不悟？告訴妳，中學生不允許談情說愛。再過一年，妳就後悔莫及了，他考上了大學，就不會跟妳來往了——因為妳太淺薄、太目光短淺了！」

那女生一聽這麼嚴厲的話，眼淚就撲簌簌流了下來，眼裡滿是對老師的憤恨，但心裡卻受了極大的震撼。待她哭完，班主任又溫和地說：「對不起，我剛才的話可能不夠禮貌，但我只是出於無奈，是擔心妳墮落到那種地步啊！」

那女生終於領會了班主任初而嚴厲繼而溫和的真實用意，因此，一面接受了老

師的道歉，一面痛下了洗刷「淺薄」的決心。

生活中一些執迷不悟的孩子，成天沉浸在自己的想法中，渾渾噩噩，糊裡糊塗。這時，要驚醒他們，可以採取像這位班主任一樣「當頭棒喝，反向刺激」的方式，給對方強烈的心理刺激，促使他深刻反思自己。當然，反向刺激的最終目的還在於正面引導，所以最好能在孩子有所觸動後，再對自己剛才言語的率直加以道歉，讓對方恢復心理上的平衡，只有這樣，才能取得好的說服效果。

有的時候，孩子的行為危害到他們自身或別人的安全，父母就不能不「當頭棒喝」，及時制止，甚至不惜使用懲罰手段。例如，當看到自己的孩子做出違法的事情時，父母就有必要突然對其進行呵斥，以及嚴厲的批評。

how to be a smooth talker

怎樣說才能幫助他人振作

第六章

第一節 探病時要適當說謊

對於一個病人來說，仁愛、溫和、兄弟般的同情，有時甚至比藥物更靈。

——陀思妥耶夫斯基【俄國】

對於身患絕症的病人，只能把病情如實告訴其家屬，而對其本人，則應重病輕說。如果假話喚起了他與生活的熱愛，增強了他與病魔鬥爭的意志，就有可能使其生命延續得更長久，甚至戰勝死神。

善良的假話，其用心當然也是善良的，即為了減輕不幸者的精神，幫助其重振生活的勇氣。即使此人以後明白了真相，也只會感激，不會埋怨。即使當時半信半疑，甚至明知是謊話，通情達理者仍會感到溫暖、安慰。明知會加重對方的精神痛苦，但仍要實言相告，即使不算壞話，也該算是蠢話。去探望病人時，如說話不當，不但無法達到安慰病人的作用，反而會使對方更加煩惱，帶來不好的影響。

有一位年輕人去探望久病的舅母時，關切地詢問她：「有沒有吃飯？」誰知一句問候話，卻引來病人滿面愁容。憂心忡忡地說：「唉！不要談它了！」弄得這位年輕人十分尷尬，只訥訥地說幾句安慰話後離去。原來，他舅母病勢沉重，而最苦惱的症狀就是吃不下飯。他問到的正是病人日夜憂慮的問題，頓時勾起病人的煩惱，以致談話氣氛尷尬。

探視病人時，還要注意一定的談話內容和技巧。那麼，該如何做呢？

探望身患重病的患者，不必過多談論病情，談話不要觸到病人最難受的病處，以免病人心煩。如果對方本來就背著沉重的精神包袱，不能大吃一驚地問：「您的臉色怎麼這樣難看？」而要說：「這裡的醫療環境很好，您的病一定會很快好轉的。」

對於身患嚴重疾病的病人，探望時，不僅應該尊重醫囑，尊重病人家庭的意願，做到守口如瓶，而且在病人面前還要做到若無其事，與之談笑風生，讓氣氛輕鬆愉快。病人對周圍親友的一舉一動一般是十分注意的。所以，要規勸病人的家屬善於控制自己的感情，尤其是危重病人面前，不能流露出自己的悲傷情緒，要表現得鎮靜自若。

還要注意：當病人有什麼治療上的要求時，應盡可能給予滿足。病人託辦的事，要盡力去完成。在向病人告別時，要轉達其他親友對病人的問候和祝願，並表示自己下一次一定會再來看望，使病人滿懷希望和信心。

能說會道

病人是一個特殊的群體，他們恐懼、孤獨、煩躁，這時很需要聽到一個好消息，以配合藥物的功效，讓他們儘快恢復，至少不要使他們增加新的心理負擔。所以，在病人面前凡事都要只往好的地方說，甚至說一些必要的謊話，這是一種責任和義務。

第二節 醫生應該對重病患者說「一定能治好的」

在病人即將痊癒時，請來的醫生是幸運的。

——拉伯雷【法國】

在這個世界上，即使是最值得信賴的人有時候也會說謊，比如說醫生。只有不稱職的醫生才會對重病患者說「你治療成功的機會渺茫」；好的醫生一定會說「沒問題，一定能治好的」。雖然沒有什麼證據，但好醫生仍然會鼓勵患者說「從你的體力來看，一定能夠恢復健康」。事實也證明，聽到鼓勵話語的患者，當中有許多人都能成功對抗病魔。

美國加利福尼亞大學洛杉磯分校的麻醉生理學研究室，曾經做過一個非常有名的實驗。他們召集了很多志願者來參與他們的實驗。他們先是給了一半志願者真正的鎮痛劑，又給另一半志願者假的鎮痛劑，也就是維他命。

然後，他們告訴所有的志願者：「拔牙的時候，鎮痛劑會在四到五小時內有效，如果你感覺痛的話，就吃兩片鎮痛劑。」

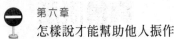

參加實驗的人都按他們的要求做了。吃了真正的鎮痛劑的志願者當然一點都不覺得痛。問題就出在吃假鎮痛劑——維他命的志願者身上，有百分之六十三的服用假鎮痛劑志願者，居然也得到了同樣的鎮痛效果。

這樣的結果在研究者們的意料之中。

但當他們對那百分之六十三的患者進行分析時，有了一個驚人的發現。那個時候，人們已經掌握了從血液中檢測一些極微量成分的技術。他們從服用假鎮痛劑也得到鎮痛效果的患者的血液中，發現了藥理作用與嗎啡特別相像的幾種物質。

而且那些物質的麻醉效果，比嗎啡還要顯著。例如，貝塔內啡肽的麻醉效果就是嗎啡的一百倍，是糖基化腦啡肽和酒啡肽麻醉效果的兩百倍。因為志願者們相信那些藥可以鎮痛，所以他們的體內產生了能夠鎮痛的物質。

這雖然是關於止痛的實驗，但它們的意義不僅限於此，它說明了人具有一種潛能：相信「我可以這樣」，體內就會相應地產生各種反應。這跟我們腦內激素的分泌是息息相關的。

能夠讓腦內激素分泌出特殊物質進而影響身體機能的，就是我們的精神力量。也就是說，我們的身體狀態常常受我們的心情左右。就算是得了同一種病，在同等條件下接受相同的治療，治療效果也會因人而異。

為什麼會存在這種差異呢？這與病人的心情是有很大關係的，最重要的就是「病人本人是否相信能治好」。名醫的「沒問題，絕對會治好的」這些話，會讓患者覺得「醫生都這麼說了，一定沒問題」，因此產生了身體能夠痊癒的信心。雖然，在疾病沒治癒之前，這句話其實是一種謊言，但是，這種話真的會給病人帶來力量，所以是有價值的謊言。

如果醫生在告訴患者「能治好」的同時，提出一些建議，告訴患者去做些什麼的話，效果會更加顯著。比如，某醫院曾經發生過這樣一件事：

一名男性患者，患了很嚴重的病，多年來病情沒有一點起色。後來，他換了主治醫生，這名醫生見他變得很沒自信，似乎對活下去不再抱希望了，就對他說：「先生，請原諒，我們之前的診斷出現了錯誤，你的病情其實不如之前診斷的那般嚴重，前一位主治醫生已經引咎辭職了。現在我想告訴你的，是你的病一定可以治好，請相信我，不會需要太長的時間，下面是我與幾名專家討論後給你推薦的食療方法，只要你長期食用，相信很快就能恢復往日的健康。」

醫生「一定能治好的」這種強有力的語言，使得那位患者心情非常舒暢。於是，他認為「既然醫生都說了，那麼我就加倍努力，我一定是能做到的」，進而產生了很強的意識，渴望治好自己的病。於是，他開始非常積極地按食療法的要求來做，後來他的病真的好轉了。

由此可見，身為醫生這樣特殊職業人士的一些好的謊言不但會讓患者心情轉好，還會讓對方行動起來，增加獲得好結果的可能性。適當對重病患者說「一定能治好的」，即便謊言不能成真，也至少能使患者在剩餘的時間裡過得積極愉快一些，我們何樂而不為呢？

能說會道

醫生的話對病人來說有時候比藥物還要有效，對病人說些好聽的話，讓病人寬心是醫生應該有的仁慈和寬容。所以，醫生應該從關心病人的角度出發，多對病人說積極向上，有益病人身心的話語。

第三節 怎樣安慰失意的朋友

生活中遇到大憂大患，友誼應該是有效的安慰。

——巴爾扎克【法國】

人生在世，命運顯得神祕莫測，有些不如意、煩惱，甚至不幸和痛苦很正常。當朋友遭遇不幸時，我們的反應往往不一定得體。我們偏偏說出他們不願意聽的話，令他們難過，在他們需要我們時，我們不在他們身邊；或者，就是和他們見了面，我們也故意迴避那個敏感的話題。既然我們並非存心對他們無禮或冷漠，那麼，為什麼我們會在其實願意幫忙的時候有那樣的表現呢？

大多數人都有過這樣的經驗，就是無意中說錯了一句話，巴不得能把它收回來。要怎樣才能在某個人處於困難時對他說適當的話呢？雖然沒有嚴格的準則，但有些辦法可使我們衡量情況和做出得體而真誠的反應，這裡是一些建議：

1. 留意對方的感受，不要以自己為中心

當你去探訪一個遭遇不幸的人時，你要記得你到那裡去是為了支持他和幫助他。你要留意對方的感受，而不要只顧自己的感受。

不要以朋友的不幸際遇為藉口，而把你自己的類似經歷拉扯出來。要是你只是說：「我是過來人，我明白你的心情。」那當然沒有什麼關係。但是你不能說：「我曾遇到這種事，心情差到幾乎一個星期吃不下東西。」每個人的悲傷方式並不相同，所以你不能硬要一個不像你那樣公開表露情緒的人感到內疚。

2. 儘量靜心傾聽，接受他的感受

喪失了親人的人需要哀悼，需要經過悲傷的各個階段和說出他們的感受和回憶。這樣的人談得越多，越能產生療效。要順著你朋友的意願行事，不要設法去逗他開心。只要靜心傾聽，接受他的感受，並表示瞭解他的心情。有些在悲痛中的人不願意多說話，你也得尊重他的這種態度。

一個正在接受化療的人說，她最感激一個朋友的關懷。那個朋友每天打一次電話給她，每次談話都不超過一分鐘，只是要讓她知道他惦記著她，但是並不堅持要她報告病情。

3.說話要切合實際，但是要盡可能表示樂觀

泰莉是麻州綜合醫院的護理臨床醫生，曾為幾百個愛滋病患者提供諮詢服務。據她說，許多人對得了絕症的人都不知道說什麼才好。他們說些「別擔心，過不了多久就會好的」之類的話，明知這些話並不真實，而病人自己也知道。

「你到醫院去探病時，說話要樂觀，但不能脫離實際。」泰莉說，「例如『你覺得怎樣』和『有什麼我可以幫忙的嗎』，這些永遠都是得體的話。要讓病人知道你關心他，知道有需要時你願意幫忙。不要害怕和他接觸，拍拍他的手或是摟他一下，可能比說話更有安慰作用。」

4.主動提供具體的援助

一個傷慟的人，可能對日常生活的細節感到不勝負荷。你可以自告奮勇，向他表示願意替他跑腿，幫他完成一項工作，或是替他接送學鋼琴的孩子。「我摔斷背骨時，覺得生活完全不在我掌握之中。」一位有個小女孩的離婚婦人瓊恩說，「後來我的鄰居們輪流替我開車，使我能夠放鬆下來。」

5.要有足夠的耐心

喪失親人的悲痛在深度上和時間上各不相同，有的往往持續幾年。「我丈夫死

後，」一位老人說，「兒女們老是說：『雖然妳和爸爸的感情一直很好，可是現在爸爸已經過去了，妳得繼續活下去才好。』我不願意別人那樣對待我，好像把我視作摔跤後擦傷了膝蓋而不願起身似的。我知道我得繼續活下去，而最後我的確活下去了。但是，我得依照我自己的方法去做。悲傷是不能夠匆匆而過的。」

在另一方面，要是一個朋友的悲傷似乎異常深切或者歷時長久，你要讓他知道你在關心他。你可以對他說：「我能理解你的日子一定不好過。但我覺得你不應該獨自應付這種困難，讓我幫你好嗎？」

能說會道

在朋友失意的時候，要想說些既能達到勸慰目的又中聽的話，其實並不容易，因為這個時候，對方的內心極其情緒化，很多話對他來說很容易引起反感。因此，在對他進行勸慰的時候，一定要站在他的角度來進行勸說，不能一味強調事情的糟糕，這樣只會加重他的煩惱。

第四節 怎樣說才能讓別人走出悲傷陰影

除非你的話能給人安慰，否則最好保持沉默。

——薩迪【伊朗】

世事無常，人有時難免陷入失意之中，這是因為自我意識沒有被喚醒。人的自我意識有很多種，比如年齡意識、性別意識、社會角色意識等。拿年齡意識來說，一般情況下，人到了某個年齡階段就會出現某種心理特徵，但有的人卻遲遲不出現。這時，只要你點撥他一下，他就會醒悟。正確的自我意識一旦被喚醒，人也就會從失意中振奮起來。

人在遇到各種變故的時候，總會不由自主地心煩意亂，甚至悲觀鬱悶，有些人往往會因為自己的身心狀況不佳而更加失落。這時，作為一個鼓勵的人，你如果想給他們帶來好心情的話，就應該抓住某些好的方面，適時予以積極的暗示，這樣才有助於喚起他們的自我意識，使其鼓起希望，積極地生活。

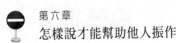

上大四的小孫戀愛三年，但不久前失戀了。他很傷心，整天精神恍惚。他的班主任王師知道此事後，特地去找他。王老師一見面就說：

「我知道你失戀了，是來向你道賀的！」

小孫很生氣，轉身就走。

「難道你不問問為什麼嗎？」小孫停下來，等著聽王老師的下文。

王老師說：「大學生都希望自己快點成熟起來，失敗能使人的心理、思想進一步成熟起來，這不值得道賀嗎？大學生的戀愛大多屬於非婚姻型，一是大學生在學習期間不大可能結婚，二是很難預料大家將來能否在一個地方工作。這種戀愛的時間又不長，隨著知識的累積，人慢慢成熟了，就有可能重新考慮對方，戀愛變局也就悄悄發生了。應該說，這是大學生心理成熟的一種重要標誌，你這麼放任自己的感情，是心理成熟還是不成熟的表現呢？另外，越到高年級，大學生越傾向於用理智處理愛情。這時，感情是否相投，性格是否和諧，理想和追求是否一致，學習和工作是否互助互補，都會成為擇偶的標準，甚至雙方家庭有時也會成為重點考慮的條件，這就是擇偶標準的多元化。這種標準多元化更是大學生心理逐漸成熟的表現。你女朋友和你分手是不是出於擇偶條件的全面考慮？你全面考慮過你的女朋友嗎？如何處理你這目前的感情失落，你該心中有數了吧？」

王老師先設置懸念——「祝賀你失戀」，把小孫從感情的泥沼中「喚」了出來，然後經由合情合理的分析，喚醒他的理智，多次用「大學生失戀不是壞事，而是心理成熟的標誌」的觀點來加以點撥。王老師就是透過一步步喚醒小孫的自我意識，使他認為該用理智來處理感情問題，進而約束自己的感情，恢復心理平衡。

失意者心中往往憋著一股悶氣，想要擺脫這種心理狀態。鼓勵他們的自我意識，也就是喚醒他們的自我意識，會使他們走出低潮，走出困境。

能說會道

當遇到因為生意失敗或家庭不幸而垂頭喪氣的人，我們可以鼓勵他：經歷了這些你會更加成熟；那些英雄經歷的挫折比你嚴重多了，正是挫折成了他們成長的催化劑。喚醒他們的自我意識，他們便可以很快走出失意的陰影。

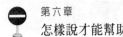

第五節 講述「同病相憐」的經歷來緩解對方壓力

希望在任何情況是都是必需的，如果沒有希望的安慰，貧困、疾病、囚禁的悲慘境遇就會不能忍受。

——詹森【美國】

有些人陷入失意境地，是以為外界的壓力所致。對待這些人，用「同病相憐」的經歷現身勸慰，更容易使其振作起來。下面的案例中的老師就成功地用「捏造」事實來緩解學生的壓力。

某中學教師，頭腦靈活，在對學生的工作中很講究策略，非常善於說服學生。他的班上有一個男同學，人很聰明，第一次段考成績是全班第三名。可僅過半年，期末考試卻掉到班級第二十七名。這位老師左思右想，也找不出這位同學退步的原因。後來，他從側面瞭解到，這孩子有尿床的毛病。被褥尿濕了，家長總是很生氣，這「丟臉」的事使他自慚形穢。因為精神上有負擔，便影響了學習成績。

面對這樣一個棘手的問題，想要說服同學，解除他的精神負擔，該如何做呢？

這位老師思考了兩天，看了一些心理學方面的書籍，最後決定，一天放學後，辦公室人都走光時，找這位同學談心。

扯了一些班裡的雜事以後，老師問這位同學：「聽說你尿床了，是不是？」

學生一聽，臉「噌」的一下紅了，頭也垂得低低的。老師把他朝身邊拉了拉，握住他的手說：「其實，尿床沒什麼大不了，我研究過，十幾歲的少年兒童中，有一部分人都會尿床，只不過是許多家長不聲張罷了。」

學生一聲不吭。老師繼續說：「老師我也尿過床。」

「真的？」他驚奇地問老師。

「對啊，而且一連延續到國二呢。有時一夜尿兩、三次，睡夢中，我急死了，到處找廁所，找到一個牆角，拉開褲子就尿，結果就尿了一床。」

「我也是這樣……」他彷彿找到了知音，羞怯之情一掃而光。

接著，師生倆你一言我一句，講到好笑的地方還一起放聲大笑。這時，他們已沒師生之別，就像兩個朋友在交流經驗。

「後來你是怎麼不會尿床的？」學生突然問老師。

「我啊，到了十五歲就自然地不尿床了。」老師裝著回憶的神情說，「那時我初中還沒畢業，不知不覺地就好了。」

同學掰著手指算著：「我今年十三歲，再過兩年，我也會好了？」

「那當然！」老師肯定地說，「尿床不是病，到了發育的年齡，就會自然地好了，你用不著煩惱。」當他們走出辦公室的時候，學生已經輕鬆多了。後來，他擺脫了困境，在學習大有進步。

也許老師的「尿床」經歷是編造出來事實，卻能一下拉近了兩人的距離，這樣使勸慰和鼓勵變得容易多了。

所以，想勸慰那些因外界壓力所致的失意者，你可以先瞭解對他們造成壓力的因素，然後講些「同病相憐」的經歷，以此開導、勸說對方，效果往往會非常顯著。

能說會道

相似「經歷」是真的，也可以是假的，但這是一個拉近雙方距離的絕妙辦法，這樣會讓對方覺得你跟他「同病相憐」，於是把你當成一個最貼心的朋友來坦誠面對和傾訴。一旦他敢面對事實了，再加上你的鼓勵，一定能重整旗鼓。

第六節 用威懾性話語為女性排解情感困境

無所畏懼者與具有威懾力量的人同樣剛強。

——席勒【德國】

當女人遇到情感問題，除了需要傾訴，更需要解脫。傾訴是她走出情感困頓的第一個也是最初階段，解脫則是她的終極目標。但並不是所有人，尤其是男人都能夠懂得女人的這種心。他們往往只懂得傾聽、勸說，當真正遇到棘手問題，便會無可奈何。但下面故事中的這個男人不是這樣，不僅僅因為他掌握心理學知識，而是因為，他懂得用威懾性的話語去震懾女人的內心，能夠按照她真心想的為其排解情感困境。

一個女人的丈夫有了外遇，百般勸阻後男人還是跟她離了婚。瞬間，女人彷彿對什麼都沒有興趣，也看不到任何希望。這天，她跟她的一個學心理學男性朋友說出了一個可怕的想法。

女人：「知道嗎？我想自殺！我想自殺！」

朋友驚訝地看著她。

「妳說什麼？再說一遍？」

「我想自殺？什麼方式都行。」

「我知道，丈夫背叛了妳，讓妳心灰意冷，覺得一段好好的感情說散了就散了，問題還不是出在妳身上，妳受害者，所以就想以死的方式一了百了是嗎？」

「對，我把所有的心血都放到了這段感情裡，現在，感情寄託沒有了，我不再相信任何人，不再相信感情，我也不想活下去了。」

朋友一聽，冷峻地笑了一下。

「妳好傻，女人一遇到感情問題就這麼想嗎？想自殺？可以啊。吃安眠藥兩瓶或者三瓶，躺在床上，像電視劇裡心灰意冷的人一樣，想尋一個了結？但是一定奏效嗎？萬一被人家救起，洗胃、嘔吐、精神萎靡、嚴重的後遺症，這樣的結果有很好嗎？去跳樓？這是個好方法。爬得越高成功機率越高。但萬一沒死成，被樹枝阻擋了一下又掉在地上，結局可能比死還慘：半身不遂，後半輩子以輪椅為伴，或者直接成為植物人。不過，植物人也很好不是嗎？什麼都不用想，一輩子也就過去了。」

「啊……」

「動搖了？妳知道嗎？自殺也能傳染啊，妳不是還有孩子嗎？他看到妳悲慘的結局還會想活在這個世界上嗎？」

「其實……其實，我不是真的想自殺。我只是太傷心了。你能理解我嗎？一個女人為了一個男人付出那麼多，他卻那麼對我。」

「我明白，妳只是想發洩一下。妳還有孩子，還有父母。愛情可以再有，生命卻只有一次。」

「嗯，我知道了，我知道了。」

故事中的女人因為丈夫的事情想要自殺，當她告訴朋友這件事時，說明她已做出了自己的決斷，這個時候無論你怎樣勸說「千萬不要想不開」、「別胡思亂想」都沒有作用。話說的越軟人心，越會讓她堅持自己的想法。所以朋友反其道而行之，將自殺時以及自殺後種種可怕的情況說出，表面上似乎沒有任何勸說對方放棄自殺想法的意思，實際上卻在暗地裡提醒她：自殺也不是每次都能成功，一旦不成功，妳的結局將是：植物人、半身不遂、嚴重後遺症等等。

一開始還一副篤定模樣的女人，此時的內心已經開始動搖，說話也有了斷斷續續的跡象，這說明她在猶豫：自殺真的那麼可怕嗎？自殺失敗後真的那麼悲慘嗎？這個時候，她的精神狀態正在逐漸恢復平靜，不像最開始時的喪失理智。而她朋友的威懾問話法就是為了「嚇」她，讓她知道她即將要做的那件事的嚴重後果。讓她的思維平靜，心緒放緩，不再魯莽行事。

所以生活中，如果有遇到女人表現出像故事主人公一樣的精神狀態和語言邏輯，必要的安撫之後，即可試用威懾問話法，這樣才能讓其知道事情的嚴重性而逐漸恢復冷靜，說出自己的真實想法。

能說會道

用威懾的言語震懾別人是要看對象的，否則，不僅起不到效果，還會得罪別人。所以，事先一定要對對方進行一定程度的瞭解，再決定是否用這樣方法。

how to be a smooth talker

怎樣殺價才能買到你心儀的商品

第七章

第一節 吹毛求疵，讓對方不敢對你獅子大開口

談判是一種風尚、能力與智慧。做人必須保留的七張底牌。
——佚名

在商務談判中，談判者如能巧妙地運用「吹毛求疵」策略，會迫使對方降低要求，做出讓步。買方先是挑剔個沒完，提出一大堆意見和要求，這些意見和要求有的是真實的，有的只是出於策略需要的吹毛求疵。這樣做的目的無非是：

*1.*迫使賣主降低價格。

*2.*使自己擁有盡可能大的討價還價餘地。

*3.*給對方一個印象，證明自己不會輕易被人欺蒙，以削弱甚至打消對方想堅持某些立場的念頭。

*4.*使賣主在降低價格時，能夠對其上司有所交代。

吹毛求疵談判方法在商貿交易中已被無數事實證明，不但行得通，而且卓有成效。有人曾做過試驗，證明雙方在談判開始時，倘若要求越高，則所能得到的也就

越多。因此，許多買主總是一而再、再而三地運用這種戰術，把它當做一種「常規武器」。

下面來看看談判專家庫恩先生是怎樣將他的花招帶入日常生活中的，他可說是將吹毛求疵演繹到了極點。

有一次，他到一家商店買冰箱，營業員走上前來詢問他需要的冰箱規格，並告訴他該冰箱每臺售價為五百美元。庫恩先生走近冰箱左看右看，然後對營業員說：「這冰箱外表不夠光滑，還有小瑕疵。你看這裡，這點小瑕疵好像還是個小刮痕，有瑕疵的東西一般來說都是要降價的呀！」

接著，庫恩先生又問營業員：「你們店裡這種型號的冰箱共有幾種顏色？可以看看樣品嗎？」營業員馬上帶他看了樣品。庫恩先生看完後選擇了現在店裡沒有的顏色。他解釋說：「這種顏色與我家廚房裡的顏色很相配，而其他顏色則會令人感到不協調。顏色不好，價錢還那麼高，如果無法重新調整一下價格，我只好另選購買商店了，我想別的商店可能有我需要的顏色。」

庫恩先生打開冰箱門看過後問營業員：「這冰箱附有製冰器嗎？」營業員回答說：「是的，這冰箱一天二十四小時都可為你製造冰塊，而每小時只有兩分錢電費。」庫恩先生聽後大聲地說：「這太不好了！我的孫子有慢性喉炎，醫生說絕對不能吃冰的。你可以幫我把這個製冰器拆下來嗎？」營業員回答說：「製冰器無法為您拆下來，這是冰箱的一個重要組成部分。」庫恩先生接著說：「我知道了，但是這個製冰器對我來說毫無用處，卻要我為此付錢，這太不合理了。價格不能再便宜點嗎？」

經過他的百般挑剔，冰箱的價格只得一降再降。

「吹毛求疵」既然有如此功效，又是常常被人用到的「常規武器」，我們不禁會問：當我們遇到吹毛求疵的對手時，又該如何反擊呢？

1. 必須沉著、耐心，隨著時間的推移，那些虛張聲勢的問題就會不攻自破。
2. 對於某些非關鍵的問題和要求，應避重就輕或熟視無睹地一帶而過。
3. 當對方在有意拖延時間、節外生枝或提出無理要求時，必須及時地提出抗議。
4. 向買主提供一個具體而徹底的解決方案，而不去討論那些枝節性問題。
5. 千萬不要輕易地做出任何讓步。賣主應儘量設法削弱對方的聲勢，同時也可提出某些虛張聲勢的問題，來加強自己的議價能力。

整體來說，巧妙地運用吹毛求疵策略，無疑會為你增益不少。

能說會道

買東西時，即便自己很喜歡也不能表現得太明顯，否則，商家是不會在價格上給予讓步的。

第二節 假裝行家，挑缺點

一鼓作氣，再而衰，三而竭。
——《左傳》

購物殺價是一種技巧，具體怎麼殺價更是一門藝術，值得研究和探討。一般來說，我們在試穿衣服、問過價錢之後，發現對衣服感興趣，僅剩的就是價格偏高的問題，這時便到了殺價的時候了。怎麼殺呢？此時，我們可以假裝自己是行家，在衣服上挑一些無關痛癢卻可以作為殺價資本的毛病和微瑕，比如說線頭不夠緊，裁剪不夠修身，鈕扣的位置不是很正、顏色不太亮等。總之，就像雞蛋裡挑骨頭一樣的挑衣服的不足，但也必須是衣服確實存在的問題，直到把店主挑到同意減價為止。

這天，嘉嘉去服裝市場買衣服，在市場的小店裡逛了一圈，最後在一家別具一格的小店裡選了一件比較有特色的韓版雪紡衫，試穿了一下，更是愛不釋手，不過沒有表現出來，隨便問了價錢，然後很自然地又放回原處，給老闆的感覺只是隨便瞧瞧。此時，老闆上前熱情地跟詢問嘉嘉。

「小姐，這件衣服是最新款的，試穿之後感覺怎麼樣，還喜歡吧！」老闆上前詢問。

嘉嘉說：「最新款？這件衣服我在網路商店、電視購物台看到過類似的款，您這個應該是仿款吧。」

老闆說：「看妳還挺在行，要是喜歡的話我可以算便宜點。」

「那這件衣服你開價多少呢？」嘉嘉問。

「一千。」

「一千？我看過別處才賣八百……雖說布料摸起來還可以，但這樣的布料散熱性不是很好，而且顏色上有點小瑕疵，老闆，你看，這裡的線頭都鬆了，鈕扣也有點歪。」嘉嘉邊說，邊指給老闆看。

老闆看了看說，「好吧，最低七百，不能再低了，真的沒有賺妳的錢。」

最終，嘉嘉以七百元的價格買到了中意的衣服。

商店裡的衣服是跟著一陣陣流行風而來的，很多時候在這家店裡看到的衣服，在另外一家店裡也能看到，有時也只是在細節的地方有些無礙大局的小變化而已。逛了多次街之後不是行家也能說出個一二三來，這時你這種款式的服裝早就流行並已經快過時了，同時對衣服評頭論足的，讓老闆以為你是懂行的人，這時報價和給出的最低價就會低得多。

能說會道

購物的過程中，可以假裝是行家，這樣商家就不敢對你漫天要價了，你也因此可能會以較低的價格買到想買的東西。

第三節 透露自己有多家可選擇

我們知道個人是微弱的，但是我們也知道整體就是力量。

——佚名

每個顧客都希望花最少的錢，買到最稱心的商品。面對商家開出的高價，怎麼把它「殺」一下去呢？如果有時間，每次到一個市場先走馬看花地繞一圈，看是否有自己喜歡的東西，但是注意不要直奔自己中意的商品去，同時要多方打聽相似商品的價格。從整體上掌握商品目標，避免先殺了半天價，後來發現有更好的或更便宜的商品。

小菲打算在即將到來的父親節給爸爸買條合適的皮帶，在逛了多家皮具商店之後始終難以接受商家開出的價格，就在打算放棄的時候，沒想到稍稍動了點小計謀就成功了！

小菲：「老闆，您好，我打算買一條男士自動扣的皮帶，要適合五十歲左右的商務人士使用，您有什麼推薦的產品？」

店老闆：「這條吧，是我們這裡的暢銷款式！」

小菲：「是很有型的，款式也不錯，可是……價格太貴了吧！」

店老闆撇開價格說：「這是出口轉內銷的貨，國內很稀少的！」

小菲：「是蠻好的，不過價格太貴了，前面那條街上的那家店裡的那條雖然可能沒你這個好，不過價格很便宜，還不到你這個的一半呢。對面商城裡，我昨天也看了一個不錯的，我再看看，考慮考慮吧。」

店老闆見小菲在價格上猶豫，便說：「你要是真的想要，價格是可以商量的。」

小菲當即喊出了比自己心理價位稍微低點的價格。

此時，店老闆還想加價，但是小菲慢吞吞地說：「我不是蒙你，我一個朋友前兩天在這附近買一條差不多的，價格比你低很多。而且，我這今天都在這邊逛，感覺你這個和另外兩家的都不錯，但是價格讓我很猶豫，不然你再算我便宜點，也省得我去另外兩家殺價，你說呢？」

店老闆說：「好吧，既然都這麼說了，就按你說的價錢吧，不過以後記得要多來關照我的生意喔！」

購物時一定不要被商家天花亂墜的說辭給矇騙，以自己平常對衣服的感覺給出差不多的心理價位，看中一件衣服或者其他的東西，最好先去別家再看看，即使沒有買到衣服，起碼也摸清楚了行情。然後在找到中意商家時，告訴老闆自己已經看了很多家，可選擇的不少，就看誰家的價格低廉而已。此時，你跟商家還價的重點要表現出此件商品並非唯一的選擇，但是只要價格合適還是會選擇的。這樣一來，商家也會在適當的範圍內將價格降低一些，這樣你便能買到想買的東西了。

能說會道

選購商品的時候，我們可以適當利用商家的競爭心理，告知有多家選擇，商家可能會因此而稍微降低價格。

第四節 以老客戶的口吻與賣家套交情

一個好的服務員，會為企業爭取好多客人，好多生意。
——佚名

買東西，最忌諱熟客，有句話叫殺熟，意思是通常由於雙方關係比較好，礙於面子等等的原因不好意思殺價。不過作為熟客也是有優勢的！

下面有一個例子可以很好地說明，芷芸是個典型的「鞋控」，尤其對各式各樣的高跟鞋有著別人難以理解的喜愛，每逢週末回家都會去一家名叫「時尚金足」的個性鞋店去試穿店家的新貨，久而久之，芷芸和鞋店老闆的關係也熟絡了。以下是芷芸與鞋店老闆的對話，我們來學習她是怎麼殺價的。

芷芸：「老闆，這季的新款上架了嗎？我打算試試新鞋。」

鞋店老闆：「新款今天剛剛上架！」

芷芸試了幾雙之後，看中了一款帶有歐美風格的魚嘴細高跟鞋，問了價格之後有點咂舌，不過動了一番腦筋之後，道：「老闆，我也算老顧客了，知道你不會亂開價，但是這個價格偏高了點。你看，我的鞋都是在你們家店裡買的。每季的新款我都會來光顧，也常常介紹朋友到你店裡買鞋，你怎麼也得給我點優惠吧，這次你少賺點賣給我吧！」

「那打個九五折好了，這可是看在妳是老顧客的面子上的啊！」鞋店老闆說。

芷芸一看老闆這麼爽快就降低了價格，覺得這雙鞋可降的價格應該不止如此，於是，再接再厲說：「老闆，再算便宜點嘛，上次你賣我那雙紅色鞋子時，還說下次我再來光顧會給個VIP價格的，你看，這雙鞋給我打個八五折吧，你家的VIP不都是八折嗎？過些時候，我也要成為VIP，好享受八折待遇。」

「這個嘛……」鞋店老闆一臉的猶豫。

此時，芷芸又說：「啊喲，老闆，其實我跟你家的VIP也差不了多少吧，說不定她們還沒有我在你家買的鞋多咧，連我現在穿的這雙也是你們家的呢。」

「妳實在是很會說話，好吧，不過妳不能告訴別人我是用這麼低的價格賣給妳，妳這雙鞋真的是沒什麼賺頭。」鞋店老闆一邊給芷芸裝鞋一邊說。

作為老客戶，本身在殺價時就有很大的優勢，一個對商品風格比較瞭解，二是對商家的出價習慣比較熟絡，在商家來說培養一個忠實的固定的客戶源也是他們所期待的，在瞭解了商家的這個心態以後，殺價往往會比較容易一點。

另外，即便你原本並不是商家的老顧客，可以用老顧客的口吻跟商家商量價格，不要覺得自己是在欺騙商家，其實，商品價格多少都會訂的較高，只要對方願意賣給你，不管價格多少，他都是不會虧本的。你的「善意欺騙」只不過是一種殺價手段，當然，你也不用擔心對方反駁你不是老顧客，一來他也許根本記不得到底有多少老顧客，二來即便覺得你面生，他也不會點出來反駁你，畢竟他是希望你在他店裡消費的。

總而言之，以老客戶的口吻與賣家套近乎，可以在很多時候幫助你殺價，讓你以較低的價格買到想買的東西，何樂而不為呢？

能說會道一

一般來說，商家都會給予老客戶一定的優惠。所以，我們在選購商品時可以用老客戶的口吻與商家討價還價，這樣比較容易以較低的價格成交。

第五節 不要嫌丟人，和老闆死纏活纏

害怕失敗，即等於拒絕了成功。

——佚名

殺價是一種談判，也是一種買賣雙方的博弈，既是考驗智力，有也是考驗耐力。因此，如果你確實看中了一件商品，而且非要不可，而你和商家在此時此刻都不願作出一絲的讓步，那你也只有採取最後的辦法了——死纏活纏，不要嫌丟人，要不斷地唇槍舌劍磨價錢，今天不成，明天再來，誰能堅持最後五分鐘，誰就是此舌戰之最終勝利者。

死纏活纏絕對不是耍無賴硬纏，更不要覺得很丟人，否則商家才懶得理我們。針對不同的老闆，我們要用不同的殺價模式。比如聰明型的老闆我們就要說：「實在對不起，今天出門忘帶了卡，只有一點點現金……」老闆也會很聰明地說：「我也要生活啊。」別管他，繼續殺。一直談到口乾舌燥，把價格砍下。

如果是看起來是很老實的老闆，就可以跟他說：「大家都是老實人，開個老實

價，大家一起得實惠，大家都要過活，哦！」老闆開個價，你興致勃勃地翻錢包，翻出幾個銅板，裝可憐說：「今天出門匆忙，忘記帶足錢了，我很有誠意要買你這東西的！」或者說「我還是個學生，沒有固定收入，吃飯消費還得跟父母伸手要錢，我也不是故意要跟你砍那麼多錢的。」

維剛去電腦商城買電腦顯示器，為了殺價什麼招數都使用了，以此來博取商家的同情。

對迎面而來的老闆開門見山地問：「XX 牌子的電腦顯示器多少錢？」

老闆：「一萬。」

維剛：「有打折或優惠嗎？」

老闆：「你想打幾折？」

維剛：「七折。」

老闆：「不行，太低了，八千五百塊賣你吧」

維剛：「可以送些什麼嗎？」

老闆：「送個羽毛球拍，價值三百塊呢！」

維剛：「恩，好，那你那羽毛球拍不用送我了，算一百塊錢，再便宜一百。」

老闆：「不行啊，那個……那個……其實這球拍只值一百塊。」

維剛：「老闆，你看我也就是個寒酸的窮學生。收入根本就沒有，自己的開銷支出全是父母提供，這年頭賺錢不易，我也不是純心要硬跟你殺價，」。

老闆：「那好吧，我就再賣便宜些給你八千塊。再低我也沒錢賺了。」

維剛：「好吧，就八千吧，」說完翻翻口袋，接著說：「實在是對不起，老闆我湊來湊去就剩下這七千七百塊了，你就賣給我吧，我是真的喜歡，沒有故意找碴或者不帶錢」。說完維剛一臉真摯地看著老闆。最後，老闆實在沒轍，一手交錢一手交貨，最後維剛還不忘拿走了羽毛球拍。

注意，每次跟老闆硬砍都要很注意分寸，要讓對方感覺出自己是真的很有誠意買的，而不是胡攪蠻纏。然後，我們要和賣主說自己是個學生、收入有限什麼的……博取賣主的同情，這樣最後賣家實在受不了我們的執著（實際上是死纏爛打），以我們可以「承受」的價格將商品出售。

看得見，摸得著的東西，才最能讓人滿足。也許當時遭到了商家的挖苦，也許花了一個下午才買了一雙鞋，但你畢竟花了不多的錢，買了一件中意的商品。所以，不要在意商家當時都說了什麼激你的火氣，也不要太顧及自己的面子。商家永遠不會做虧本的買賣，你也可以為到手的東西開心了。

能說會道

殺價的時候不要覺得沒面子，只要你堅持殺價的決心，商家有想賣給你的意思，最終是可以殺價成功的。

第六節 不停的說好話，說到賣家投降為止

一個人的同情要善加控制，否則比冷淡無情更有害得多。

——茨威格【奧地利】

什麼叫做說好話呢？說起來簡單，就是在恰當的時機，對恰當的人說出恰當的話。但是，要真正達到一定的境界和效果，其實很不簡單。殺價時更是如此，說好話的目的無外乎要達到少花錢的目的。

琪琪在下班回家的路上，無意中看中了櫥窗裡的一件外套。走進去之後發現店主是個操東北口音的男人，看上去很豪氣的樣子。當芷芸看中一件標價一千八百元的外套後，老闆表示最多可以打七折，再低就無法商量了。應對這種人，琪琪心想：他爽快我也必須爽快，開誠佈公是唯一的選擇。於是，琪琪告訴他，自己今天很有買外套的打算，而且覺得他的東西也不錯，只是在價格上有些無法接受。琪琪誠心想跟他做這筆生意，但是如果他一點都不肯讓步，那就只好把這筆錢留給別人賺了。

老闆聽了之後，態度明顯有所鬆動。這時候，琪琪就趁機跟他套關係，說些好

聽的話：「大家都是外地人，來城市混口飯吃，而且以前經常在這條街上買衣服，一直覺得你家店裡的款式不錯又高檔，老闆你人也不錯，看起來就很老實厚道，所以爽快點吧。一千一，我只能出這麼多了！」在報價的瞬間，琪琪故做目光堅定狀，從氣勢上給老闆一種不容商榷的感覺。果然，最終順利成交。這招對於異性很管用，如果顧客是美女那就更容易了，不停地對男性賣家說好話，說道賣家投降為止。

一位妙齡女郎逛街，進門後直奔一件長裙，問道：「這件裙子多少錢？」店主熱情地回答：「九百八十元！」聽到店主的回答，她眉毛一挑，猶豫了一下，走到門口沉思一下，忽轉過頭來，一臉燦爛的笑容：「大哥，一看就知道你這人做生意老實，不報虛價，而且我是很喜歡這件裙子的，看了很久，您也不賠錢就賣給我吧！我保證我以後會多光顧的，而且還一定會給您介紹更多顧客呢！」

不過，在此殺價的過程中要時刻看著點老闆的臉色，如果老闆一直笑臉盈盈的，說明好話說道點子上了，切忌好話說的言過其實。

能說會道

為了獲得較低的價格，我們可以適當利用商家的同情心，多說點好話，商家很可能心軟給予一定的優惠。

第七節 守住自己價錢的底線

命運如同市場，如果老待在那裡，價格多半是會下跌的。

——培根【英國】

在挑選商品時，可以反覆地讓商家為你挑選、比試，最後再提出你能接受的價格。

母親節那天，敏敏和媽媽一起逛街，她終於見識到了媽媽的殺價功力，她們倆在一家服裝店裡，反覆的挑選、比試了幾十條裙子，一直因為徐媽媽的出價與商家開價的差距相差甚大，沒有成交一筆生意。

此時敏敏的媽媽打算將倒數第二件中意的連身裙收入囊中，徐媽媽說：「老闆，你都忙半天了。你還是退一步就賣了吧，薄利多銷。」這時，商家還有點牽強，並沒有打算出讓。此時徐媽媽發出最後通牒：「我的給價已經不少了，我問過前面幾家都是這個價錢！」說完，轉身往外走。這種討價還價的方法效果很顯著，賣主往往是會跟徐媽媽大呼：「算了，再加ＸＸ元就賣給妳啦！」，這時徐媽媽站在原處，堅定的回答賣主：「就是這個價錢，一分錢也不能加。」這樣，徐媽媽運用她的智慧和應變能力購到了如意商品。

可以這樣總結，殺價時先往多裡砍，看主家的態度，試探對方的底線，不要覺得砍太多了不好意思，錢是自己的，別人都好意思賺你的錢。大膽砍就行，大不了交易不成功，但不能花冤枉錢。

如果看到年紀大一些的營業員，尤其是一些大媽、阿姨，殺價就更要守住價格底線。首先她們肯定都非常會說話，可以把你拉到一邊唾沫橫飛地介紹一大堆這個產品的優點，說得你頭昏腦漲，如果你說她的產品價格太高了，有的產品比她們的便宜多了，品質又好。她們就會開始告訴你關於ＸＸ產品的一些內幕，當然都是些負面消息。

如果你還是搖頭，然後大媽們就會壓低嗓門，或者把你拉到角落，開始首輪的降價：「哎呀，看你也是蠻精明的，這樣吧，我再降點，最低ＸＸ元，這個真的是最低的了，剛剛我還賣掉一款，要ＸＸ元，你看，給你的價格最低了，以前都沒有賣過這個價格。」此刻一定要冷靜，先別被大媽誇得得意，降得滿意，不妨也拉著大媽坐下來，「讓我再看看哦！」，然後開始給她講講專業術語，再講講自己資金的緊缺，再說說和大媽真是投緣，想做她這筆生意的，就是不能「再加ＸＸ元了」，要說得大媽滿面笑容，這樣基本就能成功了。

確實，殺價和不失身分沒有太多關係。守住價格的底線從某種程度上來說等於守住了自己的殺價能力。

能說會道

不管商家如何勸說，如何誇大商品的優點，我們都要守住自己的價格底線，這樣才能從最大程度上避免花冤枉錢。

贏家 27

真會說話：告別溝通障礙的全方位說話術

編著 陳瑋順
出版者 大拓文化事業有限公司
執行編輯 洪千媚
封面設計 林鈺恆
內文排版 姚恩涵

總經銷 永續圖書有限公司
劃撥帳號 18669219
地址 22103 新北市汐止區大同路三段一九十四號九樓之一
TEL (〇二)八六四七—三六六三
FAX (〇二)八六四七—三六六〇
E-mail yungjiuh@ms45.hinet.net
網址 www.foreverbooks.com.tw

CVS代理 美璟文化有限公司
TEL (〇二)二七二三—九九六八
FAX (〇二)二七二三—九六六八

法律顧問 方圓法律事務所 涂成樞律師

出版日◇二〇一八年八月

國家圖書館出版品預行編目資料

真會說話：告別溝通障礙的全方位說話術 /
陳瑋順編著. -- 初版. -- 新北市：大拓文化, 民107.08
面； 公分. -- (贏家；27)
ISBN 978-986-411-077-3(平裝)
1.說話藝術 2.溝通 3.人際關係
192.32 107009839

謝謝您購買　真會說話：告別溝通障礙的全方位說話術　這本書！

即日起，詳細填寫本卡各欄，對折免貼郵票寄回，我們每月將抽出一百名回函讀者寄出精美禮物，並享有生日當月購書優惠！

想知道更多更即時的消息，歡迎加入"永續圖書粉絲團"

您也可以利用以下傳真或是掃描圖檔寄回本公司信箱，謝謝。

傳真電話：（02）8647-3660　　信箱：yungjiuh@ms45.hinet.net

☺ 姓名：　　□男　□女　　□單身　□已婚

☺ 生日：　　□非會員　　□已是會員

☺ E-Mail：　　電話：（　）

☺ 地址：

☺ 學歷：□高中及以下　□專科或大學　□研究所以上　□其他

☺ 職業：□學生　□資訊　□製造　□行銷　□服務　□金融
□傳播　□公教　□軍警　□自由　□家管　□其他

☺ 您購買此書的原因：□書名　□作者　□內容　□封面　□其他

☺ 您購買此書地點：　　金額：

☺ 建議改進：□內容　□封面　□版面設計　□其他

您的建議：

廣 告 回 信
基隆郵局登記證
基隆廣字第 57 號

新北市汐止區大同路三段一九四號九樓之一

大拓文化事業有限公司收

請沿此虛線對折免貼郵票，以膠帶黏貼後寄回，謝謝！